愛在136.1

愛很具體，
從喝好一杯水開始。

素黑

目錄

第二章 如何進行自療

自序

沒有自己，只有一起

這書是寫給認真想學習自愛，重組生命和重新上路的人。

這書的內容是針對希望活得更好，或者生命遇上難關，希望自療的人而寫。

假如你暫時沒有這些需要，請放下這書，多留時間做運動，陪伴你愛和愛你的人，因為大概你已有幸懂得去愛，或者還未準備好上路。

這書也是寫給療癒工作者，為更好地裝備自己，分享正能量。

為何我要寫愛

我寫過的書，題材都跟愛有關。談愛和自愛的目的不是情感道德，也不是因為愛。

愛不用多談，你可以研究，可以相信，但更重要是，你要踐行和體驗它。

我的寫作目的很清晰，就是為療癒。療癒甚麼？療癒人性的三大核心弱點：思緒混亂、貪慾和懶惰，三者能製造大量的不安和傷害，流失安全感。這些毛病令人活在不穩定的狀態，包括情緒、思想、行為和健康等，無可避免地也影響著身邊的人。

我不想談哲學，我想談實際的事。

我寫的不是男女關係，不是愛情，也不只是愛，這些都不是最重要，雖然都重要。我最關心的不是愛與不愛，而是人如何能調校自己和別人、和世界的關係，避免帶來負面後遺症。我們要正視這後遺症的責任問題，因為這世界不只有你一個人。假如世界就像小行星B-612，只有小王子一人，那他要做甚麼也沒所謂，不過小王子的行星還有一朵玫瑰，因為有了這朵玫瑰，小王子的人生不再一樣，他需要關心玫瑰的感受，照顧玫瑰，學習愛和成長。

三歲以後，我們都沒有權利任性或自私，只想到滿足自己。你必須成長和對自己的言、行、想負責任，因為別人需要消耗他們的能量和地球資源去配合、成全或糾正你的任性，你在變相剝削別人，逃避正視自己的問題。這是必須的道德。我們要先認同一個不容被質疑、大家都能達至共識的基本道德，那就是我們不能亂來，只做自己喜歡的事而不顧及別人的感受或基本人權和利益。這是一個擁有良知的社會的核心價值。

我們需要對自己和別人負責任。自愛的終極目的不只是為自己，也是為身邊的人，為社會和地球。

自愛，是為更大的愛準備自己。

覺醒地活著

這書的內容是我過去兩年，在全國各地巡迴演講的部份精華，重點如下：

情緒是記憶，在能量下滑時侵襲我們，讓情緒爆發。管理情緒，先別讓自己那麼累，明白勾起不安是因為執著過去的記憶。

人的煩惱在於擁有太多而不知真正需要甚麼，不曉得珍惜而製造大量浪費，包括金錢、青春、情感、時間等。我們要學懂清理自己，修養生命。

別陷入受害者的思想牢籠，也別旨意成為拯救者，在還未整理好、清理好自己前，別逞強要去幫助其他人，墮入濫發愛心和消費慈悲的陷阱。

我們每天製造太多語言垃圾，假裝在對話，其實在獨白。到底我們為何要浪費時間和精力關注別人，轉發廢話，等待被關注？帶愛的關係、真正的溝通，不能通過廢話來建立。

讓最簡單的事物逗你開心，追求感動生命的傻事，不靠消費，不用花錢，返回純粹的心去靠近人，靠近愛，你的心自會變軟，提升溫度和人情味。

自愛，是從生活中一點一滴開始，從喝好一杯水，吃好一頓飯，善待自己開始，堅持不浪費。學懂照顧、聆聽自己和別人。沒有人能獨自存活，我們不過是彼此的鏡子。

人生最大的成就，莫過於能少為別人添麻煩，少為地球添垃圾。

我沒有宗教，也沒追隨新紀元的身心靈玩意，別問我或跟我討論關於靈性、修行、禪修、覺悟等內容。你們也要先問自己為何更關心這些而不是自己久積的便秘問題。我關心的是在生活上的種種具體環節，如何照顧好，調養好，增加愛和幸福，減少破壞或傷害，先踏實地做好一個人。能做好最基本的，已是最高的修行。

我不在乎愛到底是甚麼，我只在乎如何活得光明正大，問心無愧。

宗薩欽哲仁波切說：「『禪修』這個名詞已經被濫用。我們應該把這個名詞改成『活著』。因為無論三分鐘、五分鐘，在禪修的那段時間裡，你在活著，你是有意識的活著的。目前，我們基本上是行屍走肉。當我們喝茶時，我們在想著別的事；當我們看著美麗的樹木時，我們注意不到綠茵美景。」

有意思。

覺醒地活著才是重點。當你眼睛沒看，耳朵沒聽，感官沒打開，離開了活著最基本的細節時，你到底在禪甚麼修！先從喝好一杯水開始，活好吧。

活著的奧秘

曾經收過一位讀者的電郵，那時她很否定我，跟我爭拗。事過多年，她再度找我，分享她的心靈成長歷程：「從知道妳、接觸妳、了解妳、半迷信妳、否定妳，我不斷地認識自己，放下自我。從以前我向妳提出挑戰性、幼稚的問題，到現在完全看懂並領悟妳書裡的含意，領悟生活中的許多東西。大概六年的時間，我存在的每一秒都在感知成長，見證了自己的進步。感謝妳點透了我連自己都沒清醒沒了解的靈性和悟性，幫助我開啟了自己。儘管我仍只是在修行道路的始端，我感謝世上的每一點滴。」

寫作二十多年，這樣走過來的讀者，不只她一個。

我們都是這樣一點一滴長大的。

成長是過程，路途上會走歪、走丟、無助、不安、質疑、反叛、抗衡、自虐、賭氣、自私、恐懼、自大、傷害、求助、絕望、不甘、放棄、再來、落淚、歡笑、喜悅、忘形、生離、死別、去愛、被愛……每個人都要經歷，親身上路，不能借用誰的光陰誰的腿。走到哪裡，原是各自的緣份和修行。莫辨誰對誰錯，沒有誰不影響誰，只有感染彼此的能量。是共識，是分歧，也是共享的時光。

懂得感恩，欣賞微妙的緣與份，總比高處不勝寒暖心。相爭過、相交過、浪流過、繾綣過，生命隨風碰撞，一念見夕陽，轉瞬已一生。種子播下了，每人長出一棵樹，一起便成生命林。站高一點，極目張看，沒有自己，只有一起。這是活著的奧秘。

這是我寫得最難過也最安慰的一本書。

謹把此書獻給我已辭世的最愛。

素黑

二零一三年四月於香港

閱讀這本書有兩種建議的方法，一是依從全書的結構脈絡，從前言開始順序逐章讀下去；二是從目錄中挑選對應於你目前狀況的章節開始細讀，幫助發現和處理自己的問題。但並不鼓勵像閱讀我的心語系列作品那樣，從隨便抽一頁開始，因為這書的結構本身也是訓練以清晰思維有序地學習觀看自己的方法。祝閱途愉快。

○　○　○

前言

你為何問「愛是甚麼」

我們問了幾千年這個問題，
不過是反映我們活得有多混亂和糊塗，
還沒有找到情感的落腳點和人生的智慧。

愛是甚麼？

耶穌如何講述愛？柏拉圖式的愛是甚麼？佛陀有提過愛這個字嗎？奧修叫人怎樣去愛？村上春樹有寫過愛是甚麼嗎？尼采也寫過愛你知道嗎？《愛的教育》真的教你如何去愛嗎？鑽石廣告如何定義愛？王家衛的《阿飛正傳》是關於愛的電影嗎？你一生問過多少次他有沒有愛過你？上次分手時你或他有重新定義愛嗎？

婚禮進行曲是否表達愛？葬禮進行曲是否表達愛？婚禮還是葬體傳達的

愛更多？

人未死，替自己搞生前葬禮，是想死還是愛自己？

你也許讀過很多講述愛的經典和偉論，換個角度，從小孩子眼中看愛是甚麼，也許能給你更單純一點的啟示。羅蘭裘槎（Rowland Croucher）是一位澳洲牧師，他提過有一組專業人員向一群四到八歲的孩子做了一項有趣的調查，問了這個問題：「愛是甚麼？」搜集到的答案令人發人心省。以下是其中六位小孩的答案：

六歲的克里希：「愛就是當你外出吃飯時，你給某個人自己大部份薯條，而不介意他是否也給你。」他談的是能不求回報地分享就是愛。

七歲的丹尼：「愛就是我媽媽給爸爸泡咖啡，在給他前先嘗一口，看看味道是否還可以。」他談的是細心照顧就是愛。

四歲的特里：「愛就是在你累的時候讓你笑起來的東西。」他談的是能帶給你心靈安慰的就是愛。

七歲的諾艾爾：「愛就是當你告訴一個男孩你喜歡他的襯衫，他就每天都穿著它。」他談的是被接受和讚賞後洋洋自得的感覺就是愛。

四歲的瑪麗安：「愛就是你一整天扔下你的小狗狗不管，而牠卻仍然舔你的臉的時候。」她談的是無求無怨的包容就是愛。

六歲的妮卡：「如果你想學著愛得更好，就應該從愛你所恨的人開始。」她談的是很高層次的靈性修養，也許是學回來的道理，也許她前生是個修道的高人。

很多人都講述過愛，千古以來有不同的版本和詮釋。但我們對愛這課題還是欲罷不能地追問，尋找定義和智慧。這反映了甚麼？這反映了愛不是一個單純的概念，它影響的範圍遠遠超越一般知識和常態。它有它的方位，也有它的神秘，能容納不同年代、文化、宗教、種族、年齡、閱歷等不斷的詮釋和再創造。

換句話說，愛是屬於不斷被衍生和繁殖的課題，我們可以釐清它的客觀方位，但它的面貌和成果，則由不同的人經營和經歷而成。所以，最終它不可能有一個答案，我們是為愛給予答案的主人，而這答案的目的不是其本身，而是帶領我們由迷茫到深入，追問它到底為生命帶來甚麼意義。

大部份人問愛是甚麼時，其實並不是需要定義它，找出它到底是甚麼，我們不過是借它來回應並希望解決人生當下某些困局和盲點，譬如「為何我已那麼努力了，還是令他痛苦？」「到底我是個甚麼人，為何能對最重視的人做出這種沒人性的事？」「為何我對家人又愛又恨，想逃避但又不忍心離開呢？」「為何他要這樣對我？」「我已付出那麼多，到底得到甚麼？世上真有天理嗎？」「到底他愛過我嗎？」「為何我甚麼都理性，就是在愛裡會失控？」……

愛是甚麼並不重要，重要是它到底為何帶給你那麼多困苦和疑惑、煩惱和無助感。我們問了幾千年這個問題，不過是反映我們活得有多混亂和糊塗，還沒有找到情感的落腳點和人生的智慧。

明白這個詭異的真相後，你再問愛是甚麼時，應該能看穿提問當時自己正陷入甚麼困局中，嘗試轉移去問更能幫助你走出困局的、衍生性的自省問題。這正是自療的方向。

即使我們沒需要為愛建立絕對定義，也應通過明白關於愛的一些客觀和道德特性，來導引行為和思想方向，不再問多餘的、做多餘的，徒添不切實際和毫無建樹的愚笨行為，卻粗疏地、幼稚地稱之為愛。

○ ○ ○

愛的特性和原則

愛是優化生命的過程，它的大原則是讓人活得更好，而非相反。

愛是構成和滋養生命的元素，少了它你不會死，但難以延續優質的生命。這是愛的基本特性。

愛是優化生命的過程，它的大原則是讓人活得更好，而非相反。愛得要生要死的不是優質的愛，只能說是爛透的、毀滅性的愛，假如你還執著那「確實」是愛的話。

愛不能也不應被簡單地概括或界定。為甚麼？因為它是一種感覺，而感覺是相當複雜的生化合成物。

愛是一種感覺，是令人感到高度滿足的情感反應。一般如吃飽了、睡夠了、被稱讚等的滿足感，我們不會界定那是愛，除非你是超級感性的文學家、追隨靈性體驗的狂熱份子，抑或無時無刻活在上帝內的虔誠教徒。能誘發滿足感的情感源頭是在腦袋裡掌管情感反應的腦邊沿系統；能誘發高度滿足感的情感源頭則是心臟。這兩個器官的配合，能構成複雜的情感反應，讓身心產生變化，譬如四肢變柔軟，心融化和感動，心情變得開朗和喜悅，眼睛充滿神彩和生命氣息，步伐也輕盈多了，抵抗力也增強，生命充滿了期待和希望，心裡滿載幸福感，也讓你牽腸掛肚地思念和期盼等。這些奇妙的身心變化反映了你正處於愛的高度滿足感中。愛是一種能量信息，它呈現了我們的能量變化。

感覺有多重層面，有身體上的物理感覺，心理上的隱性感覺，情感上的情志感覺等。愛是一種情感上的感覺，而人類的情感結構是非常複雜的，它比其他進化的哺乳類動物的情感結構更複雜和深邃，因為人類比一般哺乳類動物多了一個能思考、辨別、製造意識的大腦皮層，俗稱大腦。這個大腦和掌管情感的腦邊沿系統是層層緊扣的親密關係，令人類的情感可以細分為絲絲入扣的層面和層次，且能牽一髮動全身，單一的情感變化能令其他相關的情感變陣，其變化的纖細程度無法依任何科學理論或量度單位得以全方位追蹤或溯源。

譬如在「喜歡」這感覺上，我們能細分成不同的感覺層次，喜歡雪糕的感覺跟喜歡小動物的感覺並非同一層面；不同品牌的雪糕吃進口裡給你的感覺也不一樣；喜歡一個人更是截然不同的感覺程度和身心反應，而喜歡這個人跟喜歡那個人，在過去和現在，每刻都可以經歷無常的變身。因為人類能細分和連結不同層面和層次的情感反應，以致難以清楚地確定、追溯和解釋不同的情感反應，在複雜的情感連結中到底是怎樣產生的，滋味又如何。譬如在愛的感動中，我們其實是同時動員了喜歡、憐惜、不捨、激動、不忍、慈悲、憂慮等等各種情感層面，每個層面又可分成不同的感覺層次，讓它們交錯連結而產生感動的反應，所以通常越是深刻的愛的感動，越是難以言喻，無法具體和準確地表達或歸納，尤其是經歷過歲月的沉澱和轉化，愛到最後，千言萬語，欲語還休，未語淚先流。

愛是人類獨有的情感特質，它含有豐富的內容和變化多端的可能性，等待我們去發掘、發展和活現，最終愛是甚麼，你得到甚麼，感覺如何，原是由你獨特的生命和經歷來決定和完成的。在這意義上，愛並不可能也不應被絕對地界定。

你可以單純地從哲學、宗教、學術研究等角度去探究關於愛的諸多內容，也可以自由地為愛尋找學術上的定義，建立愛的本質論和道德倫理學，從生物學、進化論、心理學和心靈學等去為愛添加內容和意義，甚至從文學或感性的層面去包裝愛，形容愛。這些都無傷大雅，也可訓練清晰思維，豐富知識的慾求，或者純粹為自我陶醉，製造浪漫感覺。你必須清楚知道建立愛的定義的目的和其功能範圍是甚麼。但這些並不必然地能帶來愛的智慧，也不一定能幫助我們解決日常生活中因為「愛」帶來實實在在的問題，譬如溝通、感情、人倫、傷害、隱瞞、貪慾、自我了解、缺乏安全感等問題。

而我討論愛的大原則，源自對自療和修養的關懷和目的出發，展開交流。

別以為你懂得愛。很少人教過我們如何去愛、愛應該是怎樣的。我們需要通過學習和經歷才能明白它，愛得好。畢竟，人生是不斷學習的旅程。**在愛中**，**我們需要學習的**，**是調校所發放和傳遞的愛的質量**，**避免因愛變成害**。這就是說，你到底能做甚麼，做了甚麼去付出愛，傳達愛呢？你是否能確保所發放的愛的質量能優化生命，令人活得更好而不是相反呢？

我們對愛需要有要求，講求優質，而非相反。否則，我們不過在浪費精力去製造大堆關於愛的理論、疑問或廢物，沒有實際地把它導向對生命更大的建樹，這是沒意義的，也不會為你帶來任何正面的訊息和智慧，去解決你的困局和謎思。你將持續問愛是甚麼，永遠得不到答案，對解決問題毫無幫助，也無法實現「優化生命，讓人活得更好而非相反」的大原則。

愛可以不過是飄緲的感覺或空談的概念和理論，但要具體呈現出來，是需要配合呈現者適當的行動和心性條件的。這條件是：我們需要先做好一個人，準備好自己做個有資格和能力發放和傳遞優質愛的人。我們可以通過具體的驗證方法檢測自己是否能做到，因為在優化生命的前提下，愛是可以被衡量和量度的，它一點也不玄虛。我們可以追蹤和鎖定它出現（或消失）的位置，這位置彰顯在具體生活、自我管理和人際相處的微細層面上，而這些正是生命被優化的具體印證方位。關於如何能具體地呈現愛，正是全書往後篇章的要旨。

○　○　○

學懂愛自己

「愛自己」的重點在哪？
我們多以為在「愛」，
其實在「自己」。

自十八世紀個人主義和浪漫主義的興起以降，以「我」為核心價值的觀念如「自我」、「自由」、「自由戀愛」、「自我實現」等抬頭後，不少文化把「愛」這源於遠古宗教的情感概念轉移到自身，也漸漸形成「自愛」的概念。

二十世紀末在迎接水瓶座年代而崛起的新紀元運動，發展了「自愛」、「自療」、「自癒」等概念，更因為被跨越「西方」「白人」及「男性霸權」的非洲裔歌手惠特妮休斯頓（Whitney Houston），以宏亮的女性歌聲，唱出了「學習自愛是最大的愛」（歌曲：Greatest Love of All），驅使我們達致一個隱約的共識，就是愛別人之前要先學習愛自己。我們被喚醒了愛自己的重要，歌已唱出真理，原來最大的愛不再是上帝，不再是守在家裡只愛子女和伴侶，更不是對社會對國家意識型態的愛，而是愛自己。

因為愛自己的觀念被倡導了，於是有人會衍生思維對立的執著疑問，如「先愛自己後愛別人是否有矛盾？」「愛自己是否意味著自私？」關於由愛自己導生的問題，會在本書第二章「檢閱自己」中「學懂問」章節裡有詳細闡釋。我在這先集中討論「愛自己」這觀念。

當我們想到愛自己時，很容易便會想到愛自己需要做些甚麼，才能表達愛自己。愛自己是不是要做這樣做那樣呢？我們的關心點很容易會放在「愛自己到底即是要做甚麼」上，卻忽略了一個核心問題，也因為忽略了這個核心問題，往往令我們無法愛得好。

「**愛自己**」**的重點在哪**？**我們多以為重點在**「**愛**」，**其實在**「**自己**」。

但到底「自己」是甚麼？

當我們不知道、不了解自己到底是怎樣時，我們如何能愛好這個「自己」呢？

那，到底「自己」是甚麼，或可以是甚麼？

我們都以為擁有一個完整的自己，其實我們忽略了，我們同時有很多個自己，原來自己是分裂的，在不同時間、場合和經歷中，我們都表現或隱藏了不同的自己，我們同時活在不同的自己裡。這些分裂的自己容易產生混亂狀態，譬如我們有時會感到自我角色混亂，所以更難要求別人了解我們。這混亂令我們在人前人後、自己前後，呈現非一致、非統一的面目、想法、慾望和行為。

當你處於混亂、分裂狀態時，你的愛和感受愛的能力也不可能穩定，難以保持高質量，令人感到舒服，也不能優化自己和別人的生命，令你和別人活得更好。

要做一個成熟、穩定的人，必須能處理好自己的混亂，即是要懂得整合分裂的自己，令自己變得統一，人前人後也能呈現較歸一的自己，包括在價值觀、道德標準、心理質素上。你不用靠説謊、討好、演戲、虛偽、委屈、縱容分裂來生活，來表現一個你、一個「自己」。能整合自己，做個穩定的人，才算是達到愛自己的條件。本書第一和第二章將詳細剖析這個課題。

○　○　○

愛的振頻：136.1Hz

原來優良的愛的質量，
它是一個客觀的振頻，
那是136.1赫茲（Hz）。

愛自己，很具體。愛不應只是浪漫的形容詞，如廣告告訴你所謂愛是永恒、因為愛很美、不在乎天長地久之類。剛才說，在以優化生命為前提這層面上，愛是可以被衡量和量度的，它一點也不玄虛。

那衡量愛的準則是甚麼？我想先從物理科學的層面嘗試給予一個量度愛的客觀質量指標，即是從「振頻」（vibrational frequency）入手。這是最基本的衡量單位和方向。

原來優良的愛的質量，它是一個客觀的振頻，那是136.1赫茲（Hz）。這是偏低頻的物理振動頻率。有振頻便會產生聲音。假如要以音樂上的音高（musical pitch）表示的話，它就是或極接近低音C#這個音。這是按地球環繞太陽行走一周即公轉的速度所產生的振頻計算出來的，它能和地球產生極優化的共振頻（resonance）。在物理科學上，共振能帶來和諧、共鳴和強化能量的效果，亦是一種優化的效果。

有地球才有人，人必須先和他的根源即地球產生深度親密、不可分割的依存關係，才能穩定、和諧地生存。而這親密關係是優化生命的條件，這就是愛的原始基礎。在這愛的基礎上，人才能發展其他層面的愛，包括人和自己、人與人之間、人與動物、人與大自然等等的親密愛關係。簡單的說，愛的產生必須紮根於人和地球的親密共振能量，人必須先和地球「相愛」，才能有優質的能量發展其他愛。

奇妙的是，136.1赫茲或C#這個音，剛好正是古印度靈修者在冥想時發現人能和宇宙產生共振、和諧的一個音：OM。

印度的靈性大師能單靠冥想感應到這個神秘的音頻。OM這個音能發出穩定、和諧、持續不斷的振頻，被古印度稱為「永恆之音」、「心靈的頻率」，與宇宙的振頻和諧共振，天人合一。其實我們對136.1赫茲或OM這個音並不陌生，自古以來印度教、佛教等宗教，都會通過唱誦這個音令身體和心靈和諧合一；你到某些現代瑜伽館，老師也會教你在靜坐冥想時唱誦這個音，令身心和諧愉悅。這個音也是印度音樂的基調音sadja，它能跟OM這永恒之音共振。現代印度靈修音樂也以能調到這個基調音作為作曲和靈修的標準。

科學地說，136.1赫茲或OM這個音能與地球產生和諧及平衡的共振；即是說，它是**能令人跟地球和宇宙保持穩定、和諧的依存關係，不但能令生命不易滅亡，而且能確保生命能持續地進化的獨特振頻**。人活在地球上感到安全感和歸屬感，能積極地成長，發展創造力，其基本條件是因為地球能和太陽、宇宙共振和共融，產生穩定的能量，與人和諧地協調。以愛的大原則來定斷的話，136.1赫茲和地球所產生的共振頻能優化生命，令他們活得更好而非相反。這個特定的共振頻，我們可以稱之為「愛」。

對科學研究感興趣，想更深入了解這奇妙振頻的計算方法和其衍生意義的讀者，可以閱讀這章最後的備註一。

說一個音或一個振頻能令人和地球甚至宇宙產生共振，因而帶著愛地持續孕育生命，可能聽起來太科學得反而有點抽象吧。我們換個更具體的角度，把這振頻放在人的身體上看看。

在人的身體上，發放和孕育愛的總指揮是哪個具體的器官？

是心臟。

東方談了幾千年關於「心」的道理，但若從玄學、哲學和道德談心性，把心放在表達情感和道德良知的範疇去談和分析的話，其實並不夠具體。傳統西方醫學把心臟規範在血液循環的器官的研究上，忽略了心臟作為主管情緒和情感的重要功能，所以我們對情感、情緒和心臟之間的緊密關聯認知有限，甚至可以說相當無知。

心臟是愛的器官，它能分泌催產素（愛情肽），即母親餵奶、談情說愛和性高潮時會分泌的激素，甚至能調節腎上腺的分泌，影響情緒。這些功能是由心臟直接指揮，可以不經掌管理性的大腦。但大腦能配合心臟的指揮，令情感反應更趨完善、穩定和持續。

心臟是掌管愛、和平、情緒、慾望的重要器官。一個健全和穩定的心臟，能令人散發平靜、平穩和平衡的能量，即是愛的振頻，讓你和別人在感動中感受和諧、和平；也就是說，它能優化生命，令人活得更好。

奧妙的是，美國的生物音頻專家約翰蟠龍博士（Dr John Beaulieu）提出，在生物的層面，心臟能在136.1赫茲的振頻下馬上釋放適量的一氧化氮（nitric oxide），是構成心臟健全和穩定地運作的必要元素，能令它發揮其功能，並能提升整體身體免疫力。而在心靈的層面，心脈輪（chakra）這地方，即也是中醫學上膻中穴的位置，在回應136.1赫茲的振頻時能產生深度放鬆，有助疏通和打開能量，同時讓放鬆的血脈釋放適量的一氧化氮。

膻中穴是任脈最重要的穴位。而督脈的起點，即尾龍骨位置的長強穴，也能相同地回應136.1赫茲振頻，釋放一氧化氮，產生和諧的深度放鬆。這個振頻奇妙之處，是它能和諧地貫通任督二脈，令人整體地進入最健康、健全和平衡的狀態（見備註二）。

換言之，只要你能替掌管愛的心臟或心脈輪位置調頻（re-tune），把它調到136.1赫茲，便能打通任督二脈，產生和諧的流動振頻，讓它運行全身，開通經絡。**這是身體愛你，保持你健康和長壽的振頻。這就是愛。**

補充說明，能和心脈輪產生和諧的振頻不只136.1赫茲（見備註三），不過能令人和生命根源的地球血脈相連，深度緊扣，足夠孕育和進化生命，同時能令掌管愛的心臟健全和穩定地運作的振頻，只有136.1赫茲這個奧妙的振頻。**136.1赫茲是人和地球相愛的振頻，也是人和自己印心相愛的振頻。**

你現在應該知道，當你希望去愛你自己或者誰時，該發放怎樣效果的振頻，才算是優質的愛，不然可能不過是混亂、虛怯、不安、自卑、自大、貪慾等不穩定的質量。**這正是從具體物理振頻去衡量愛的重要意義，它不是迷信科學或追求時尚而弄出來的玩意**。說到底，提出愛有一個具體的振頻**指標，目的不是重複為愛定義的遊戲或陷阱，而是提醒我們需要把愛從眾多的談論方位回歸生命**、**自我認同和具體生活的核心根源上去**，不要迷亂方向，這樣有助我們1.為自愛作準備，2.了解如何進行自療，3.從修養自愛到大愛。這三個課題，正是本書往後三大篇章的探討重點。

○　○　○

愛的溫柔檢測儀：OM治療音叉

要知道現在的你是否在散發愛的振頻，
或者你的身心細胞是否距離愛這振頻很遠的話，
你可以通過OM治療音叉這個愛的測檢儀來測試自己。

光知道愛的振頻是甚麼並不重要，**重要是能體驗它在身體上如何運作**，**感受這個振頻的具體振動**。因為我們對愛的理解很抽象，所以具體很重要。那如何才能體驗到呢？譬如你可以通過使用「OM治療音叉」這方便的專業聲音治療小工具來體驗愛的振頻。

治療音叉是聲音治療的小工具，其中OM這音叉的振頻是136.1赫茲。過去多年我在替受療者治療時，或在工作坊和各地巡迴演講時，多會現場示範使用OM治療音叉，讓這振頻**直接與受眾的身體共振**，馬上讓人感受奇妙的靜心和治療體驗。把它放在身體不同的位置如心輪、丹田、子宮頂、百會穴、太陽穴、印堂（第三眼）、大椎、風池穴等，能馬上令這些位置的細胞自動釋放適量的一氧化氮，讓你親身感受令身心和諧、鬆弛和平靜的溫柔振頻，並同時調校這些位置的振頻，讓它們與這愛的振頻共振，加強這些位置的功能和能量，也有助替偏離正軌的頻率調頻，紓緩該位置的疾病。這時你便知道，愛在當下原來可以是這麼具體，你能通過具體的指標去調校自己的振頻，接收和發放真正的愛的能量，而不再光靠抽象的「心」去想像愛是怎樣，或者迷信由主流媒體集體催眠而產生所謂愛的浪漫感覺，並能同時客觀地感應別人的振頻是否也符合愛的標準。

同樣地，要知道現在的你是否在散發愛的振頻，或者你的身心細胞是否距離愛這振頻很遠的話，你可以通過OM治療音叉這個愛的測檢儀來測試自己。假如你發現音叉在你的身體哪個部位上震動時並沒有馬上產生舒服和溫柔共振的反應，即是可能你沒有甚麼感覺，或者甚至有點反抗感，或者反應過大、過敏等的話，你便知道，你的細胞所發出的振頻無法馬上和愛的振頻產生共振；即是說，你的身心可能已偏離了和諧與平靜，你正處於混亂或不健康的狀態中。你需要用136.1赫茲這振頻逐步替自己調頻，並同步從修養愛和自我管理兩方面，細緻地開展調校自己、自我療癒和重組生命的旅程。

溫柔的共振感，是重要的愛的指標。

我的臨床經驗是，大多數女性在使用OM治療音叉時，會較容易和快速感到舒服、感動和跟身體共振的震撼體驗，尤其是把震動的音叉放在心輪、丹田和子宮等位置上，即是說她們能較快替身體調頻，回歸女性最原始能發放愛的狀態，喚醒母性的愛的能量。相對地，男性在使用OM治療音叉時，可能會較難感覺到舒服的共振感，尤其是把音叉放在心輪位置上，這反映男性的能量開發點還未上升到心輪這個掌管愛及和平的位置，他們的能量還是集中在海底輪（Root Chakra）即性器官位置上，還未開發或發揮愛的感應區。最有趣的是，他們較容易感受到振動和舒服感的位置是太陽穴，正是他們較開發大腦思維的佐證，而OM音叉有助紓緩太陽穴位的勞損，調好那裡的振頻。當然也有相反的例子，視乎每個人當下的能量振頻流動狀態。

溫馨提示，這音叉不是愛的必需品，它只是非常管用的自療輔助儀，你能借用它來有效地調校自己而已。真正的愛的出現不可能單靠一個儀器。更重要的是，你需要從活好每一刻、每一個細胞開始，調校愛的振頻，孕育愛。優質的愛是很具體的，不能單靠外在的東西討好誰，不能只靠說好聽的話，不能只有單純的愛的意願、感覺或想法。要愛散發正面的、溫柔的、有力量的能量，達到優化生命的效果的話，你須要把身體和心性調校至能與136.1赫茲振頻產生共振的狀態，即是在現實生活中調好混亂的思緒，打通身心堵塞的關卡，在平衡流動的身心狀態下，你的愛才能踏出門口，實實在在，被自己和別人的身心感應到。相關的方法，將在本書第二章「你混亂了」和「自我管理」兩節內詳釋。而關於治療音叉的詳細理論和功能，將會在我專注談情緒自療的著作裡詳釋。

學習處理混亂、自我管理、尊重生命修養愛，是具體地將生命從最基本的作息生活開始，調校至136.1赫茲這愛的振頻的方向，也是學習和分享愛的基本功，這是全書的核心導向和信念。

○ ○ ○

備註一：

關於136.1赫茲的計算方法和其衍生意義：

這是由瑞士數學及音樂家漢斯古斯圖（Hans Cousto）於1978年以他發明的「宇宙八度音」（cosmic octave）算法，即是將行星環繞太陽公轉的周期（planetary cycles）頻率轉換成音高計算出來的。

他的計算原理是：地球要用一年時間環繞太陽

行走一周，以這個周速產生的頻率換轉成音高，便能算出地球公轉時所產生的基準音（base tone），我簡稱為「地球之音」。這是極低的振頻，超出人類可聽到的範圍。從地球之音升高32個八度，這是人類能較舒服地聽到及頌唱的一個低音頻，它的振頻是136.1赫茲，即西方標準音高裡中央C下面的C#（低音C#）這個音。

八度音能產生很強的共振頻，共振頻能產生和諧、共鳴和強化能量的效果。譬如同時彈奏中央C和高八度C音時，我們能聽到幾乎是同一個音，不是兩個突兀交錯的音，音色比聽單獨彈奏一個音時更豐富。沒樂理常識的話，可以想像，這個音即如我們唱do re me的do，兩個人同時分別唱高低音do，即do re me fa sol la ti do·裡的do和do·時（或簡譜中的1和1̇），聽起來便是和聲，感覺很和諧，張力和感染力更強大。這就是共振的效果，能帶來和諧、共鳴和強化的能量，亦是一種優化的效果。

單一個地球之音不足以構成愛。試想，地球的公轉速度有可能並不適合生命生存，或者不足以令生命強壯，結果很快滅亡，談不上對生命提供愛。一個振頻需要和其他共存者產生奧妙和強大的「共」振，才有足夠的能量孕育、豐富和進化生命。地球之音和依存在地球上的生命能產生奧妙的、能推進生命進化的共振能量，這共振能量便是能優化生命的愛。

備註二：

任督二脈在中醫診脈與道家導引養生上是相當重要的，中醫的理論是：「任脈主血，督脈主氣，為人體經絡主脈。任督二脈若通，則八脈通；八脈通，則百脈通，進而能改善體質，強筋健骨。」

備註三：

現代聲音治療專家會用古印度傳統畢達哥拉斯音階（Pythagorean Scale）的音樂算式，計算出能調整七個脈輪的振頻，而對應於心輪的振頻是F音，即341.3赫茲。這音高和振頻一般被廣泛地使用在調整心靈的音叉、水晶缽、銅磬等聲療工具上。

第一章　為自愛作準備

學習照顧

照顧：愛的條件

說要照顧別人時，
即是說願意承擔別人的生命，
需要懷有強大的愛才能做到。

我們都知道，說要愛好自己，愛好一個人，其中一項要求，就是懂得照顧自己和別人。

男生對心儀的女生示愛時會這樣說：「親愛的，我很愛妳，很喜歡妳，希望可以照顧妳。」

很多女人一生就等待一個男人對自己深情地說：「我願意照顧你一世。」事實上，對方能不能做到暫時並不重要，重要是她希望他能說出來，表現他對她有多愛，有多願意承擔她，照顧她。

到底怎樣才算是照顧一個人呢？

在一個講座上，我帶出了這個問題。現場有很多回應。有人告訴我，能給另外一個人安全感便是照顧。譬如能讓父母安心和平靜就能照顧好他們，因為大多數人都沒有安全感，沒有平靜的心態。我追問他：「到底具體要做甚麼才能讓他們平靜呢？」他卻說很難做到。

原來我們很難給予安全感，即使我們有多愛對方，多麼想對方安心。

原來我們都不懂得怎樣讓別人平靜，不再憂慮。

這裡帶出一個問題：「到底我們能付出甚麼，做甚麼，才能照顧好別人呢？」

也有人告訴我，照顧別人就是把自己所學的技能教授給他。譬如父母不懂得理財，亂花錢，便教他們一些理財的知識。還有對於某些不很愛讀書的同學，就在他們旁邊影響他們，讓他們慢慢地去喜歡看書。我追問：「引導對方就是照顧對方是嗎？」他說：「是的，我之前看過一本書，說最殘忍的刑罰就是讓一個人懶惰下去。」說的也有道理！

也有人認為，如果是對待愛人的話，照顧可分為兩方面。第一種照顧，就是對他生活上的照顧。第二種照顧，更多的是心理上的照顧，譬如關心對方遇上甚麼事情，是否有甚麼解不開的結，會特別注意觀察對方的情緒，一旦發現對方情緒不對時，便主動了解是甚麼原因，想辦法讓對方把不好的情緒釋放掉。

這種表面和內心的照顧很周全，能這樣去愛你的伴侶，會令對方感動，也能增進彼此的愛。

也有人說照顧就是盡量去配合，感覺到他需要你為他做甚麼，便去配合一下，在生活中照料他的需要。

這位觀眾帶出一個重要的問題：**在照顧對方的感受和需要時，我們會靠感覺。不過事實上，我們的感覺跟對方真正的需要，可能出現很大的落差。**

也有人說陪伴也是一種照顧。但是否真能做到經常能陪伴，抑或只是想起來才去做一點點呢？你知道對方需要你的陪伴，你也知道陪伴很重要，但是你能做到嗎？可能的話，就做好它。如果做不好的話，就是說當你希望照顧誰時，這意願並不夠力量。

說要照顧誰是很容易的，誰需要我，我便盡量給予。但是如何給予？何時給予？有能力給予嗎？抑或你只是想給予，可是卻沒有具體的行動意向、計劃和時間表？

我們其實不太理解，以為有一個照顧別人的心願就夠了，或是有人認為想過了便已經做了。我聽過很多個案，尤其是女人，她們常常埋怨伴侶說過要做甚麼，結果沒做到，問他時他卻說已做了。可真相是，其實他只是想過了，沒有做。說過「我愛你」，其實只想過愛了，說完便以為已愛過了。但事實上，你做過甚麼表達你的愛呢？常常想著愛他是不夠的，重點是你實際上做了甚麼，做的是否合適。

我們原來都活在自己想像的世界裡、**自己的思想裡**，**多於面對面**、**眼對**

眼，用行動做出照顧對方的具體行為。

照顧意味著將會承擔對方的際遇和感受，為他負責任。這是超級偉大的意願或承諾，但不是一般人能做得到。因為，說要照顧別人時，即是說願意承擔別人的生命，需要懷有強大的愛才能做到。

女性天生擁有這種照顧別人的基因，因為她們的生理設計已準備好生育和照顧小孩，不能自私，不能懶惰，不能只顧自己享樂。照顧一條生命是莫大的付出，不能隨意，不能即興，必須全心全意地投入，細心呵護，讓另一條生命感到被愛，在安全的生命承擔和承諾中長大。

這是母愛的奇蹟，超越自我中心的偉大付出。

你能像照顧一個新生兒一樣照顧你所愛的人嗎？你即使不太懂也可能有點笨，但你願意盡力為所愛付出，學習你不懂的，優化你已懂的，給對方安全感和幸福嗎？願意和實踐照顧，原是愛的承諾。

○ ○ ○

照顧的具體條件

照顧是在給予光明和溫暖的同時，
看自己和對方每天不同的變化，
在無常變化中調校關注，顧己及人。

「照顧」這個詞很有意思。

照顧的英文比較簡單，就是Take Care。Take是指拿起來，有承擔的意思。Care是關心。Take Care就是願意承擔和關心的意思。但中文可以看到更深的意義。

首先是「照」。

「照」是甚麼意思呢？燈光在照，照是明亮的，不會越照越黑。照就是給予光和亮。那光亮裡有甚麼呢？有溫度，你不會給一個冷冷的光，假如你只是看對方一眼，冷冷的，沒有溫暖的話，你們不會有良好的關係。所以照的重點是給予溫暖，熱暖如太陽的正氣。這是光的物理學，非常具體。有光代表了甚麼？光明能讓我們看清楚路向，看到方向。所以，「照」是能清晰地指引路向的明燈，讓人感到溫暖，安心，沒有暗算或隱憂，光明正大，坦坦白白。

你能為對方帶來溫暖和光明的指引嗎？

「顧」是甚麼意思？

顧就是看，不只是看，而且是「回頭看」。顧就是不只看一眼、看一次，而且是要回頭再看的意思。我們也聽過「回顧」這個詞，就是「顧」的意思。

這就是說，我們有沒有每天回頭看一下自己，回頭看一下對方呢？很多伴侶在一起已十年了，天天見，天天一起吃喝一起睡，可是，不知從甚麼時候開始，彼此再也沒有回頭看對方一眼了。有些人結婚二十年，男的連老婆現在甚麼髮型都不清楚，因為他早已不再留意和關心她，或者還活在十多年前印象中的那個她的記憶中，以為很懂她，對她已很熟悉，她說一句你已猜到下一句她要說甚麼，連忙借故逃避，是這樣嗎？他原來早已沒有照顧她。

在給予光明和溫暖的同時，你需要細心觀看對方此時此刻真正的需要，看清楚對方和自己，不盲目地付出，沒有活在自己的世界裡猜想對方想要甚麼，或者只滿足自己想做的事情，強迫別人認同你，接受你的付出。你要看自己和對方每天不同的變化，在無常變化中調校你的關注點，顧己及人。這才是真正的照顧。你能做到嗎？

照顧是很具體的，這是哺乳類動物懂得給予的溫暖。狗狗貓貓都是睡在一起的。人戀愛的時候也是手牽手的。理性的時候你會問：「你們不會走路嗎？為甚麼要手牽手呢？」但熱戀時人不是為了引路而牽手，牽手原是為了給暖和取暖，這是一種親密的接觸，能表達關愛，給予安全感，表示你在，和很好地陪伴著他在一起。

真正的照顧其實是非常具體的，像陽光一樣的正能量，給予溫暖，不是負面的。如果你的照顧變成了負面，譬如說你只靠主觀感覺去想像對方的需要，卻沒有溝通，也沒有行動給予安全感的話，你所給予的可能根本不是對方真正需要的。因此，**優質的、有力量的照顧，必須先清晰和溫暖地（照）去關心，用心去看（顧）到底對方有甚麼需要，而非你想像對方需要甚麼，或者你希望給予對方甚麼來滿足你的想法和意願**。

相信很多人也知道和體驗過，愛人、親密的人給你的，為你做的，為你買的、準備的，其實並不一定是你真正需要的，更多可能不過是對方一廂情願花幾個小時給你做的菜，或是編織一條你其實並不喜歡用，或者顏色不合適的圍巾給你，你確實不需要。出於愛，第一次你會覺得很感恩，第二次，第二十次，第一年，第三年對方也是這樣，沒體察你真正的需要、想法和意願而為你做或沒有為你做甚麼時，你便會覺得鬱悶。原來對方並沒有認真的關心你，他只是喜歡做他想做、以為應該做的事情而已，以為這樣就是喜歡你、愛你、照顧你的表現。

瞧，很多媽媽便是這樣，沒有回頭看，只活在自己的世界裡，把單方面的意願和喜好強加於別人身上，以為這就是照顧好家人，卻做了多餘的事情，令人要不勉強遷就和接受，要不感到煩厭，加添磨擦。結果你感到自己是受害者，因為沒有人領你的情。可原就是你錯用了能量，其實你所給予的不是愛，一不留神變成害。

照顧的振頻，應該是能優化生命，帶來和諧和愛的136.1赫茲振頻。它是具體的。所以，照顧是正能量的給予，看清楚細節，用心發現變化，這是具體的行動，不只是思想或意願。

照顧是全心全意全情細緻的付出和關愛，需要時間、心機、汗水，不是兒戲，也不是浪漫的想法。能做到，懷著愛，你會享受照顧的過程，而不會視照顧為犧牲，在乎你的修養。

○　○　○

你能如何照顧人

照顧永遠是雙向的。
你願意照顧，對方也得願意回應你，
給你看，才能相得益彰，互相感照。

再具體和深入一點談照顧的重點。

到底照顧別人需要投入甚麼？做甚麼呢？

照顧不能只談心便足夠。照顧涉及很多具體的條件或者「成本」，包括物質的、金錢的、時間的、精神的。

照顧別人的先決條件是你要先調整好自己，包括你的健康、時間、財政，還有你是否夠細心等。假如你身體孱弱，像個半死的老頭的話，說要照顧別人是不自量力，也不夠誠意，因為事實上是最終要別人反過來照顧你。

如果你經濟狀況不好，你說要照顧誰，對方會有安全感嗎？會放心嗎？你要先管理好自己的財務、健康和生活。

關心別人的物質需要之餘，還要關懷別人的心靈需要，關心別人的感受，付出足夠的時間，陪伴左右。如果你說「我很愛你」，但是你永遠不在他身邊，常常出差，把工作、個人玩樂放在第一位，你所謂給他的照顧其實是透明的、隱形的，說白了，就是白說的。口裡說愛對方的你到底實實在在在哪裡？即使你在，但你沒有看他一眼，沒有用心照顧對方的需要的話，甚至偷偷跟其他人發短信說甜言蜜語玩曖昧的話，你不過是貪圖關係，騙取個人滿足而已。

除了先調整好自己，預留時間，和對方同在，保持觀看對方的真正需要外，還要用正確的方式去看。即是說，你需要學習放下自我中心，學習耐心和細心，不然你的視點若粗疏，你看到的也不過是皮毛或誤解。

我們要注意一點，**需要保持回頭看的原因**，**是因為每個人都在恒常變化**

中，昨天他喜歡吃魚不等同今天他依舊喜歡。我們每天受到學習、朋友、社會文化、商品文化等影響，需要和喜好都會隨時因應改變，再加上人會長大，價值觀也會調整，需要也不一樣。因此，面對自己和別人，都應保持開放和適應變化的態度，別只活在記憶或想像中，判斷自己和別人。他以前喜歡吃魚，也許現在不喜歡了，或許現在喜歡吃雞。你活在自我當中的話，還以為他只愛吃魚，你便粗心大意，沒有回頭看他，也就談不上能照顧好他了。

你知道我現在正需要甚麼嗎？我談了很久，喉嚨乾涸了，需要一點水。如果你是細心的話，你會早在安排我上場講話前已準備好一杯水給我，這就是細心。或者你開始發現我的聲音有點沙啞了，不用問，你馬上送上一杯水，這也是細心。隨時觀看別人當下的變化和需要，你能做得到嗎？

你總會要求別人體察你所需要的，希望別人懂得照顧你。尤其是女人，經常以為對方愛你的話，不用你說出口，他都應該知道你想要甚麼。女人是從感覺出發的，常常以為男人不夠愛你，不夠照顧你，其實是欠缺溝通技巧或藝術的問題。**你沒有表達**，**或者總要別人猜想你的需要和喜好的話**，**對方再照再顧你**，**也無法猜透你心海底的那支針**。

照顧永遠是雙向的。你願意照顧，對方也得願意回應你，給你看，才能相得益彰，互相感照。關門的人，自我保護的人無法被照顧，你也無法照顧他。

照顧還包含一個非常重要的條件，**就是你是否有能力**，**或是否擁有強大的意願和基本的能力幫助對方解決問題**，包括大小問題。不是說你必須要做得到，因為很多問題不是靠別人解決的，必須靠當事人自己。**但是你若甚麼問題都不能解決的話**，**你能為他做甚麼？你對他而言到底有甚麼用呢？**假如你只懂一廂情願說「讓我來照顧你」，可是現實上連最小的事情如給他倒杯水，買東西，大事情如為他分擔困苦都做不到，也沒能力做到的話，你還能為他做甚麼呢？

照顧是要行動，別說別想，踏實去做。先懂得照顧好自己，擁有穩定的正能量，才能照顧好別人。

○ ○ ○

先照顧好自己

要照顧好自己，
就是要整合分裂的自己，
以統一的、穩定的一個整合的自己來展示人前。

談到照顧，我們都想到照顧別人，但我們更應先懂得照顧好自己，這才是重點。

當你還沒有照顧好自己的話，其實你沒有能力照顧別人。父母也好，愛人也好，子女也好，不管是誰，混亂、不穩定、沒安全感、虛弱和無知的你能給他們安全感嗎？能照顧好他們嗎？不可能。我們更重要的是照顧自己。

那到底要怎樣照顧自己呢？這就是學問。

照顧好自己需要甚麼條件呢？

首先，別糾結在是否要照顧別人上，先照和顧一下自己。要照顧自己需要先面對自己，這時，自愛的關鍵時刻到臨了。你知道你是誰嗎？你知道和清楚你自己嗎？

我們常重視自己，包括自己的感受、自己的需要、自己是否被接受、被重視等等。但到底自己是誰？確認你是誰，是自信和自我認同的基本條件。

我們需要先尊重自己。

尊重自己就是肯定自己，確認自己是誰，才能表達一個完整的自己。很多人對自己的認知一塌糊塗，表現的那個自己和內裡的那些自己自相矛盾到令別人和自己也感到陌生，難以適應和相處。我們都以為有一個完整的自己，其實每個人都有無數個自己，「自己」本來就是無數個分裂的自己的總和。坐下來的那個你是自己A，需要到外面散步是自己B，喜歡回家的是自己C。辦公、上班是自己D、E和F。貪心的時候，要買那件名牌漂亮衣服的時候，你又是自己G。看到一個很悲慘的乞丐，你要施捨給他時，又是另一個自己。

混亂的人、自我管理很差的人，每天都和內在不同的自己打架，把大部份的自己壓下去，然後突出一個單一的自己來，這使你身心都不平衡。所以你會發現有些人，可能也包括你自己在內，經常搖擺不定，很容易被影響，情緒不穩定，這刻好像平穩了，下一刻又混亂起來，待會又發一些脾氣，要不便恐懼、暴力、沒有安全感。這些情緒不平衡的人，正是很多個內在的自己在分裂和打架，一旦被一個自己贏了，引領了，你已不是你，你被某一個自己控制了，容易被情緒或慾望掌控而陷入迷亂。

我們不懂得去管理內在諸多的自己，也不願意去管理，卻花精神和時間好管別人。有人甚至以為通過愛情就可以把自己推卸給對方，讓他來調整你，給你愛，讓你平衡一點。其實我們很多時間都不平衡，內心幾百個自己在打架，好像你是個有一百個孩子的媽媽一樣，你都無暇多看他們一眼，他們打完架回來吃飯就是了，你不管了。你不清楚一百個孩子誰是誰，也不知道哪個疼你、照顧你、埋怨你，你都把握不了你自己。

最後靠誰來調整自己呢？你希望別人照顧好你，可是你也說不出你到底需要甚麼。你需要他照顧你、關心你的甚麼呢？

我們要照顧好自己，就是要整合分裂的自己，以統一的、穩定的一個整合的自己來展示人前，讓別人看，跟別人說話。我們必須先有一個穩定的自己，才能平衡和向人表現一個穩定的自己，讓別人看清楚，聽清楚別人跟你談甚麼，你才能回應，同時細看和聆聽別人。

○　○　○

自己＝自我分裂

沒有一個人不是分裂的，
當我們遇到真正的難關時，分裂的自己便會具體地呈現，
令我們進入混亂不安的狀態，失去自控或自主能力。

再多談一點關於分裂的自己。

剛才談過，我們一直都以為擁有一個完整的自己，自己應該是怎樣的，對這個自己我們有很多想像、很多幻想。但原來我們同時有n個自己。你閱讀時是一個自己，跟別人講話時是另一個自己，跟異性説話時你會改變聲調。在學校裡，在公司裡，又是完全不相同的你。面對困難時的你，面對面接觸的你，害怕、無助的你，都是不同狀態、表現、價值觀的「自己」，這些自己的總和，才是真正的你。

我們其實沒有一個完整的自己，現在這個正在閱讀的自己，所感所想只能代表其中一個自己。人其實是分裂的，沒有一個人不是分裂的。分裂沒有好或不好，只是一個正常的腦結構現象而已。因為我們的心腦結構是複雜的，可以同時呈現、發展和混合不同的反應、想法、慾望和期望等各自相融或相沖的狀態。

我們大部份時間沒有管理好那麼多個自己，尤其是在平常沒有遇到矛盾或困難時，這些自己還不致於產生強大的內在角力，我們頂多是在選擇買東西時出現猶豫，內心有兩把聲音在慫恿你買或不買而已。但當我們遇到真正的難關時，分裂的自己便會具體地呈現，令我們進入混亂不安的狀態，失去自控或自主能力，甚至走火入魔。

譬如你可能以為自己很溫柔，事實上很多表面溫柔的老婆，在感情突變時很可能會變成殺害老公的兇手。譬如你以為自己很堅強，可是遇到困難時突然變得無比脆弱，你才發現原來自己可以有這樣無力的一面，你甚至不能接受這個新發現的自己。所以，人最難面對的不是別人，而是自己。當不同的自己在內在分裂和角力時，你選擇懶惰不去管，不去磨合和整理它們的話，你便自我放棄了。你會變成一個亂七八糟、人格分裂的人，難怪有些人這一刻可以是很愛你的天使，下一刻卻突然變成最恨最傷你的惡魔。

你越是分裂，無法整合自己的分裂的話，你的混亂不單影響自己，還會危害別人，令別人成為受害者。同樣地，別人亂七八糟的話，而你的狀態又不穩定時，你便會容易被別人影響，進入更混亂的狀態。

一個成熟的人，是一個有能力並願意自我管理的人，這人能和眾多個分裂的自己相處、整合、平衡和協調。他的能量穩定，能保持清晰，不容易混亂，這種人能肯定自己，建立自信，創造正能量。他能先肯定自己，不會否定自己的背景、性別、過去和現在的經歷，他會珍惜現在，創造明天。這些人能散發令人平靜和穩定的氣息，能給予可靠的安全感，令人信賴，寄存希望。科學地說，他能發出愛的振頻136.1赫茲。

當你夠穩定，可以協調、整合、管理自己時，你開始長大了。這個時候才能進一步培育愛、感受愛和分享愛。

○ ○ ○

肯定原生家庭

自愛：肯定自己的根

自愛的基本條件，
是要肯定自己與生俱來的生命源頭：
自己的根。

人的內在有很多個分裂的自己，為甚麼有那麼多呢？除了是因為剛談過人的心腦結構很複雜，可以同時呈現、發展和混合不同的反應、想法、慾望和期望等各自相融或相沖的狀態外，也因為我們是誰，是由我們的生命根源決定的。假如我們的家庭根源是複雜的話，我們內在的分裂也會比較複雜。

因此，在了解自己是誰之前，我們應該問「到底我的父母是誰」這個問題。

知道和肯定自己的根在哪裡很重要，這可回應到底你是誰的問題。

你是從你家庭而來，父母給你甚麼原生的資源，它便成為你的雛型。從生物觀點看，父母給予你甚麼質量的細胞，你就是一個帶著怎樣條件出生的人。

自愛的基本條件，是要肯定自己與生俱來的生命源頭：自己的根。**接受和尊重自己的條件，是要先明白和接受自己和原生家庭是不可分割的整體**。

提到父母，經常會聽到有人說這些怨氣話：「如果他們沒有生我該多好。」「他們沒有問准我便生下我，對我不公平。」「我才不要像他們一樣。」「他們從不顧及我的感受。」「我才不管他們，他們野人一樣蠻不講理。」「別提他們，他們貪得無厭。」

別以為這些只是青春期反叛子女的經典反應，寫信給我或找我做自療諮詢的男女，很多即使已人到中年，提起父母，還是有說不清也說不完的不滿、埋怨，甚至仇恨。

想起母親，你可能會有很多印象或評語，譬如說她很嘮叨，好管別人，脾氣也不好等負面的印象。你們甚至一見面便會打架和吵架。又或者，你覺得她很好很溫柔，說到她便想到她做的菜。想起父親、祖母、外公、外婆等等時，你會有不同的印象和感覺。我們好像都知道父母的名字和歲數，但可能對家族成員到底是誰所知極少。

自我否定的人有一個特質，**就是同時也否定他們的原生家庭**。你可能談起父母和家人時會感到很丟臉，很厭煩，很不安，很抗拒。你可以對父母感到很陌生，看家庭很負面，覺得父母不理解自己。可是你有沒有反過來看自己，到底自己有沒有關心和理解父母的感受呢？你對他們又做了甚麼呢？你自打嘴巴了。當你埋怨母親只懂得煩你管你時，你會以為你不像她，因為你不會煩她管她。但事實上，你不過是沒有理會她，沒有關心她而已。當你埋怨她沒有站在你的立場去理解你時，你又能做到站在她的立場理解她嗎？你能公平地看待父母嗎？當你想和他們劃清界線，斬斷關係時，你可有想過自己也許跟他們也犯了同樣的錯，做了同樣惹人討厭和煩厭的事情呢？

很多人來找我尋求自療諮詢，最初都會先埋怨伴侶，然後便是埋怨父母，覺得因為父母的種種缺點，導致他現在才有某些欠缺和際遇。很多人一想起父母便會說：「我不要像他們那樣。」他們會批判父母，覺得他們很煩，很討厭。譬如不滿母親不懂得反抗父親，只懂得管他們。也瞧不起父親，更恨母親揀了這樣的男人，結果生了自己，害自己得不到應有的愛。但當我幫助他們看清楚自己多年來演變出來的想法、行為、情緒等模式後，讓他們重新發現自己是個怎樣的人，一步一步的發掘下去，他們的樣子便開始改變，從剛才負面、仇恨和否定的態度，變得眼神飄移，眼下肌肉跳動，手指開始亂抓亂動，表現緊張不安，原來他們的核心問題被勾起了：他們做了和母親一模一樣的事，他們在煩著管伴侶，管孩子，管同事和朋友。他們這時才赫然看穿自己和父母的關係奧秘：原來自己跟父母做的竟是一模一樣的事情。

譬如她埋怨母親找了一個沒有錢又經常發脾氣的老公，結果終年不斷責怪他、責罵他、要求他。可是細看自己，居然找了一個比她父親更爛的男朋友，而她自己跟母親一樣，對男朋友很兇，諸多要求，給他很大的壓力。她現在才發現，她所做的，所揀選的，竟然跟母親一模一樣，甚至有過之而無不及。

父親跟兒子的關係也一樣。有受療者跟我說，他非常不喜歡父親對母親不忠，有很多女人，令他母親很傷心難過。但事實是，待他長大，他正做著跟父親一模一樣的事，不斷更換女朋友，對感情不忠，傷了很多女人的心。他感到很不安，但是沒有辦法解決問題。他一方面瞧不起父親，同時也瞧不起比父親更差的自己。

我們反省一下，**到底做了多少跟父母一樣的事情**？若你不清楚自己是誰，你可以細看你的父母。他們是怎樣，你大概也和他們差不多。

用心去重新看、**重新聆聽你的父母**，**嘗試用心去明白和理解他們的過去和現在**，**了解他們的感受**。**沒看到他們**，**你也沒看到你自己**。

假如你很討厭父親，請你細看一下你的男朋友、你的丈夫。當你仔細觀察他的話，才驀然發現，你可能選了一個比你父親更差的男人，你正在重複你母親的選擇。可諷刺的是你在討厭父親之餘，也瞧不起母親的選擇，還埋怨過她是自討苦吃的，她是可以放棄你父親的，卻因為懦弱而沒有。

我們會不自覺做了比父母更甚的負面事，有過之而無不及。當我們照鏡子覺得有點陌生，想多了解自己時，我們可以先回家看看母親，你會發現原來你很多地方都像她。你同時也揀了一個像你父親的男友，你也揀了一個像你母親的女友，你也做了像你父親的事，像他一樣好色，經常換女朋友，不負責任。理性上你不明白為何，你卻做了。

這是家族遺傳病。

否定父母等同否定你自己，我們都是彼此的鏡子。

如果你不接受父母，也就沒有接受你自己，因為我們的生命是父母給的。

○ ○ ○

父母的深層影響

> 你是父母的複製品，
> 你會承受和延續他們還沒解決的心結。
> 生育的意義，原是協助處理上一代還未解放的心結。

母親對女兒的影響、父親對兒子的影響是超乎想像地深遠的。

舉一個案例。

她來見我時患了乳癌。她一直跟女兒關係不好，原來她生女兒的時候很不情願，她說如果那時沒有懷孕，她絕不會生孩子。相信大家也猜到，她跟丈夫的關係也很不好。在製造一條生命出來的那一刻，你跟伴侶的關係，會決定孩子將來會是怎麼樣。我協助她追溯她跟媽媽的關係，結果並不很訝異，原來她媽媽當年也像她一樣的情況下生了她，她和媽媽的關係也不好。

而她媽媽患有子宮癌。

有些女人常常頭痛，尤其在很緊張的時候，或者跟父母關係不和的時候，或者跟伴侶發生衝突的時候。也有些是因為經期前會頭痛，也可能是婦科問題。但有些人的頭痛卻找不到緣由，尋找過很多醫生做過很多治療或檢查，還是找不到問題在哪裡，總之他們經常頭痛。近代有研究發現，原來他們的父母在做愛時，精子和卵子結合的剎那，他們的關係並不好，沒有愛，充滿緊張，關係分裂，甚至在互相仇恨的狀態下。但關係是奇怪的，兩個人已沒有愛，卻因為生理需要甚至心理發洩而性交。在這種情況下，人跟動物實在是差不多的。

當你把分裂傳給性伴侶，因此結晶新生命，你第一份送給孩子的禮物便是分裂，孩子出生時也承受了不快樂不和諧的分裂基因。而這些孩子，很快便會感覺到自己的生命並不受歡迎，覺得父母並不需要自己，覺得沒有自己的話，他們可能活得更自由更快樂。他們覺得自己變成父母的絆腳石而非寶貝，開始自我否定。

這就是這位女受療者的處境。她在感到自己是多餘的、不受歡迎的情況下遺憾地長大，在看著母親不情願地承受她這小生命的無奈甚至埋怨的眼神中長大，深深感到母親不愛她。事實上，這種情況下長大的孩子，將來通常會出現兩種反應，一是叛逆，對家庭沒歸屬感，跟父母關係不好，會盡早離家出走，要不發展自給自足的滿足感，以為自己不需要愛或靠誰也可以活得好，要不死命依賴別人給他愛；二是一方面暗裡埋怨父母不愛他，另一方面卻盡最大的努力討好父母，為求得到他們的認同，博取他們對自己的重新肯定。這種人不但在愛恨矛盾中走不出來，在否定父母的同時也無可避免地承襲了父母的分裂和疾病。媽媽有甚麼病，女兒便會承繼了同樣的病，而疾病的源頭，可以追溯到再上一代甚至更遠。女性可能會有不同的婦科病，要不是乳房有問題，便是子宮、卵巢的問題，這些病症都跟缺乏愛有關。

再舉另一個案例。

他的父親是個弱者，沒能力養家，身體孱弱，對妻兒充滿內疚。母親本來就是個強者，因為嫁了個軟弱的老公，更要承擔整個家，變得更強更硬朗，也因此難以避免地對老公和兒子不夠溫柔，處處要求，容易發脾氣。兒子看在眼裡，心想不要像父親一樣軟弱，希望將來能做個真漢子，代替父親回報母親，照顧她，也希望將來找個比母親溫柔的女孩，希望自己能照顧她，不用她像母親那樣為操心家庭而擔心勞累。

可是這些願望卻變成了他的童年陰影，也造成了沉重的壓力。於是他很快便像他母親一樣容易發脾氣，也有點完美主義，做不到最好便怨恨自己，同時向最想她好的母親發洩。結果他和母親長年處於角力和不和，心裡卻柔軟，多麼希望有天他能做到母親認可的、堂堂正正的男子漢，為他感到驕傲，彌補她找了一個軟弱老公的遺憾。

自製的壓力越大，越難成全自己。結果他搬離母親很遠，很少見面，借故忙碌，覺得做不到最好便沒面子在母親面前抬起頭做人。而他真的找了一個和母親相反的女朋友，卻像個小女孩一樣幼稚和無知，他必須全力照顧她的生活，包容她的脾氣。雖然滿足了他不用活在高壓女人下，但他得承擔低能女友的一切，怎樣說也是太累了。

他其實不自覺地承繼了父親的懦弱，忍受不了女友的幼稚卻不忍心分手，告訴自己對她有責任，卻不知不忍心分開不是仁慈或善良，而是傷害，耽誤了她的青春，令她變得更依賴，更離不開他。原來他在養寵物，不是平等戀愛，無法互相扶持。這樣更令他在母親面前成為一個不合格的兒子和男人，跟他爸爸一樣。

父母是甚麼，你便是甚麼，你和他們不過是互相對照的鏡子。

你**若忽視或否定你的根源，你一生便難以發展自我，只能重複舊有，惡性循環，家族的性格和疾病史也是這樣承襲下來的**。你不明白為何你那麼暴躁嗎？請看看你的家人。當你家族有抑鬱或暴力症狀時，你很大機會也同樣患有不同程度的情緒病。也檢視你便秘、胃病、失眠、脊髓痛症的源頭。你若老是找不到頭痛的根源在哪時，請回頭看你父母是否在受孕剎那關係並不好。

母親在不情願下懷孕，會和子女關係緊張。女性承受了大部份生育的業障，生育後會對孩子不好，將怨恨和鬱結投射在孩子身上。孩子會感受到父母莫名其妙不愛自己，父母未必感覺到，但孩子能感覺到，他們的潛意識很強，也很動物性，感覺很直接，不被親愛的感覺很強烈也很真實，譬如感到父母的眼神和擁抱沒有帶著愛，充滿遺憾，結果孩子也容易承襲父母身心的病。

別埋怨你女兒反叛，因為她是承襲你的。別自辯說你沒有反叛，何來承襲之說？細看你自己，你就是因為一直依從著別人而受苦，經常感到委屈，致令女兒潛意識想幫助母親發洩她應釋放的情緒和未圓的心願，於是變得反叛，母親隱性的心結由女兒代為發揚。

所謂生命的延續，生育的意義到底是甚麼？你是父母或更上一代的複製

品，你會承受和延續他們還沒解開的心結。生育其中一個重大的意義，原是協助處理上一代還未解放的心結。

別忽略、抗拒、討厭或瞧不起家族的根源，把那些你抗拒的、討厭的、瞧不起的問題都找出來，這會對肯定和穩定自己非常有幫助。如果我們沒有調理好、修補好跟原生家庭的關係，我們其實很難改善自己現在各種不同的問題，包括混亂、病痛、貪慾、逃避、懦弱、暴力和負面情緒等，這種因否定而衍生的病態遺傳，力度可以非常強烈。

同樣地，你有甚麼病：心病也好，身體毛病也好，也會感染、傳染給你身邊最愛的人或者動物。有個案例是一個十來歲的女生，她自殺過幾次，我替她重新看自己的一生，她赫然發現原來每次想自殺或是嘗試自殺的前後，她家中都有人、寵物或植物患重病甚至死掉，而自己也會大病一場。是不是有甚麼特殊玄妙的原因在背後呢？其實理由很科學，因為她把發放出來的死亡能量振頻傳染給身邊的事物，讓他們無辜承受了，對方能量稍為弱一點的話便會發病。

你給旁人多少垃圾，對方身體裡面便有多少垃圾。如果他不懂得清理，抵抗力較弱，意志也薄弱的話，他便容易生病甚至更糟糕。

這是有科學根據的。如果你現在的狀態很不好，你的腦電波波頻會完全轉貼到你身邊的人的腦袋去，讓對方的腦波馬上被影響，變得跟你一模一樣。尤其是情緒。為甚麼我們跟情緒不好的人在一起時，會感覺特別不舒服呢？你本來好好的，但假如他不好的話，你馬上會複製過來，感覺不好。又譬如你走進一個屋子裡，你根本不清楚這屋子之前發生過甚麼事情，可是你一走進去後馬上感覺到莫名其妙的、說不出的不自在，為甚麼呢？原來剛才有人在那裡吵架或哭過，負面能量的振頻還停留在那裡。

如果你沒有調整好自己，你身邊的人會感染你的混亂和情緒而很受罪，親密的人便會更遭殃。相反，假如你散發的是穩定的正能量，你身邊的人便會受益，感到舒服自在，跟你在一起自能感到幸福和放鬆。

要照顧好自己，先要肯定自己；要肯定自己，先要接受父母，好的醜的也接受，然後調校自己。原諒、體諒、感恩，接受父母，包容他們的好醜。別想調校或改變他們，我們沒有能力改變誰，我們只能先調校自己。

○ ○ ○

了解母體的意義

> 生命是共同分享和依存的關係，
> 應被同等地尊重和共同需要。
> 你是生命母體的一小部份，
> 所謂自我中心原來是極度渺小也虛幻。

為甚麼我不斷強調必須要好好重建跟父母尤其是母親的關係呢？

為甚麼我說想了解自己，可以先從了解母親開始呢？

我不是在談孝順這個道德課題。我關心的，是人如何才能走出不自覺的混亂和自己的限制，有條件去發展愛；愛自己，愛別人，愛世界，停止製造傷害和垃圾。

母體是生命力的來源，**所有生命都不可能跟母體斷絕關係**。你的力量從哪裡來？從母體來。母體的力量源於土地，源於整個宇宙。地球的母體是太陽，它和太陽產生的愛的共振頻能給予滋養地球的能源。

回家看看母親是誰，更深入地去了解我們的生命來源在哪裡，我們的生命是如何產生的。當你對生命多一點認知，多一點了解，多一點感觸，多一點閱歷時，你才會回到你自己。當你不太認識自己是怎樣來到世上時，你所認識的、所投射出來的自己，不過是想像或主觀思想概念而已。

人與母親血脈相連，需要母體的滋養才能成長、完善和修養自己。肯定和回歸原生家庭，生命才有重心。現在幾乎所有人和民族都發生類同的病變：疏離、放棄、扭曲甚至催毀家族、民族和文化的根。這是嚴重可悲的自我毀滅之路。

我喜歡看關於生物的紀錄片，看動植物怎樣生孩子，怎樣交配，怎樣協調關係，怎樣照顧小孩，怎樣進化和生滅。看到億萬年來不同生命的進化奧秘，歎為觀止。再看一下你是誰，你是如何進化到今天生成的這個你，便體會到原來生命得來不易，也並不偶然，沒有單一的個體能掌控全局，你也不只是你。生命是共同分享和依存的關係，應被同等地尊重和共同需要。你是生命母體的一小部份，所謂自我中心原來是極度渺小也虛幻。

古時人類新生命的生存率很低，生三個孩子死兩個，生完孩子後母親或者也會死。多了解生育的歷史和過程，你便能看到女人的生理和心理的進化。女人對生育既喜悅也恐懼，因為生育意味著她可能會死亡，一命換一命。

明白生命的來源和進化過程後，我們應該感動和感恩，感恩能活到這個年代這個年紀，感謝生成你的父母親，包容他們可能也經歷過很不容易的掙扎或煎熬，你便應羞愧於再埋怨地說：「如果父母沒有生我該多好。」你應該明白這種想法太過忘本和幼稚，你根本甚麼都不明白，不知道。

假如你說：「我很愛自己，但是我非常討厭我的父母」的話，你現在能看出這句話的矛盾在哪裡嗎？你真的有愛過自己嗎？

○　○　○

修復上一代的缺陷

我們的生命並不只是為了完成自己，我們的出生是為處理家族未處理好的問題，由我們來終結，優化家族的命脈。

要清理自己的混亂和缺失，你要先處理和修補你和原生家庭的關係，沒有人能和家人不和而活得好。

你要尊重原生家庭帶給你的一切。假如你和家人關係很差，你不可能是個平衡的人，因為你已失去了生命的根。生命最後的支柱就是你的家族，即是你的生命源頭。現在很多人活得空虛，深感寂寞，無人依靠，麻木不仁，正因為跟家人關係疏離或惡劣，失去原生家庭這座生命靠山，就像遺失了護照一樣，你無法讓人確定你是誰，有家歸不得，有境進不了。

調好你和原生家庭的關係，除了為自己著想外，也是為了家族著想。

我們的生命並不只是為了完成自己，我們的出生是為處理家族未處理好的問題，由我們來終結，優化家族的命脈，然後才能自由上路。試想，父母生育孩子是為了甚麼？新生命到頭來是為了甚麼？假如不過是為地球多添生命數量的話，這種繁殖設計並不合理，因為不斷繁殖新生命只會不斷消耗和佔有地球有限的資源，這會加速整體的滅亡。

那延續生命到底是為了甚麼？

從生物學觀點看，這是為了細胞的進化和優化，長遠是為繁衍多元品種，豐富生命的質和量。

從靈性觀點看待這問題的話，你會發現，下一代其中一個很重要的功能，是為修復上一代的缺陷，它是來治療生命的。新生命有助化解上一代的怨恨和修復缺陷。在這意義下，生育變得很神聖，原來每個人出生的責任都是神聖的，能有機會修正、修補和修養好上一代，甚至上幾代的遺憾和缺失。

你可以挽救和修正你家族的病歷和不幸，同時也是為自己好，因為當原生家庭的問題還未解決時，我們的生命只會變得複雜，帶來混亂和情緒衝擊，無法找到平靜的依靠，無法從容地愛和被愛。你和家庭割裂了，即是和生命的根源割裂了，你將陷入混亂，自我分裂，無法肯定、尊重和愛自己。

愛自己的核心便在此：當我們不接受生命是從哪裡來時，我們不可能去愛好它。正如當你說：「我很愛你。」但你並不接受對方的家庭背景時，你並沒有真正接受他，也不能真的愛他。當你很介意你來自你的家庭時，你便很介意自己；當你介意自己時，便不懂得和別人坦誠地相處或交往，你可能會通過不斷說謊和變換面孔，製造不同的面具，裝飾不同的內在分裂，怕別人識穿你對活著的虛怯感和無力感。人活得分裂，源頭也在此。

懂得用進化的、成長的心性和修養來處理家庭關係的話，你便可以優化你家族的不完美，這是無比的正面。在進化論上沒有完美的生物，只有變得更完善的生物。完美的、沒缺陷的伴侶根本無須生育，當然他們根本不存在。你的出生、你的生命，能為你的家庭向前多走一步。假如你的下一代也同樣以這種方式優化你的缺點，發揚你的優點，一代優化一代，沒有活得比上一代更差或者退步的話，這就是進化和文明的意義。

我們有責任完成人類的進化過程，從優化家族的進化開始，也確立自己獨特的生命意義。因此，每個人的生命意義都不一樣，因為每個人的原生根源都不一樣。

孝順，同時是人出生的其中一個重要目的，就是幫助父母清理在你血液裡留下的壞業障，栽培在自己身上留下的好種子。解放父母和自己，讓生命以更優化的狀態延續下去。

○ ○ ○

如何修復原生缺陷

接受，懺悔，感恩，
檢視所承襲的，
決心別再延續家族的缺陷。

那該怎樣才能調校、治理和修補由原生家庭帶來的分裂和疾病呢？每個案例都有其個別的處理方法，但也有客觀的方向可以參考。

1. 先接受你是誰

必須先接受自己，接受你的家族歷史即是你的生命根源。關心你的原生家庭，尊重家族的存在及它的一切好壞，接受和肯定它成就了你。跟自己說：「我願意接受我的原生家庭，因為他們是我的父母，我從他們來。」

2. 懺悔自己

假如你製造了新生命卻沒有好好愛護和教養他的話，先原諒自己錯生了孩子，然後誠意地對孩子說對不起，跟他重新建立愛的關係。

假如你對父母不好，沒有好好照顧和關愛過他們的話，先向他們懺悔和道歉。

假如你覺得活得不好是因為你生命裡欠了父母的愛的話，那請先主動付出愛，替父母補償，彌補傷口。能做到這樣，心結就會化解，來自對家庭的怨恨便會了斷，同時也能幫助父母了斷他們投射或延續到你身上的分裂和恨怨。

先感謝自己，然後原諒自己的不好，我們才能進步，做個平穩、平衡的人。別跟自己糾纏，或浸淫在內疚和自責的痛苦裡，不能自拔，不然你將無法管理自己，也不能完成基本的責任：照顧好自己，愛自己。

3. 對父母感恩

你現在還能活著，部份條件也是父母給你的恩澤，別忘本，應感恩。感謝他們給你的一切。通過感謝，你可以學習放下對他們的抗拒。

感恩是一種自療，處理我們放不下、解決不了自己的毛病的方法。當你懂得感恩時，你便會更接受你自己，和你不接受的人。

4. 檢視你所承襲的

感恩能讓你化解恨怨和固執，向前多走一步，看清楚到底父母帶給你甚麼，哪些需要改善，哪些需要清理和割斷。我們需要細緻地去看，到底自己承襲了父母的甚麼？好的醜的也看清楚，好在哪，醜在哪，列一張清單，然後按好醜調校和改善自己。

5. 別再延續缺陷

即使因為闖不過自己的心理關口，或父母並未準備好，或錯過了很多機會，無法跟他們在生時擁抱，重建親密關係的話，我們也可以在個人修養上進一步代父母贖罪，或者代他們修理積累的死結，不再延續遺憾和怨恨。辦法是把重心轉回自己，應承自己不要延續或重複父母和家族的死結，以改善自己為前提，終止延續他們的不是。

決心改掉沿襲於父母的壞習慣，認真地治療遺傳自家族的疾病，堅拒重複他們犯過的錯。你是可以決定自己是否要跟他們一樣的。

6. 發揚家族的好

別因為過度發掘家族的缺陷，忘了同時發掘和肯定他們的優點或未被發揚的才華，或幫助他們實現和完成未圓的善良的心願。清理過去的同時是發展將來，向前看。

和原生家庭修復關係是一種修養，完成你獨特的生命要走的路，成就其獨特的意義。在這意義下，你才有愛自己的動力和理由，才能肯定你是誰，你是你。

○　○　○

成為自由的你

全然地接受無權選擇的原生家庭是一股強大的勇氣和生命力，
在選擇接受原生家庭命運的那一刻，
它認證了我們成為自己生命真正的主人，
生命被解放了，我們自由了。

我們必須接受和尊重原生家庭，還有一個原因：成為自由的你。

你的生命、你的家庭是你在沒有選擇餘地下被賦予的，你的父母沒有先問准你要不要出來便生了你。是上天替你安排了這生命。當然，有種靈性的說法是，其實是我們選擇投胎哪個家庭的，我們要對出生的源頭負責任。這個我不作評論，由信者自行處理。

你沒有權選擇你的原生家庭，這是生命的現實。這也許是除了天災以外，生命中唯一無法讓你選擇的命運。

可是，沒有選擇的背後，你卻得到了生命中最寶貴的資產，正也是生命的本身。

生命是你最珍貴的資產，也是你最重要、最實在、最可靠的價值，是你能唯一非常有信心拿出來展示屬於你的資產，印證你就是你。你的基本價值就是你的命。

擁有生命是你最寶貴的資產，不管你喜歡不喜歡它。要知道對於生命，所謂喜歡不喜歡，還介意並執著喜歡不喜歡，不過是你幼稚地產生出來的情感而已，因為你還不想長大，還沒有懂得珍惜和活好。

擁有生命是值得自豪的，人要感謝賜予生命的原生家庭。重新和原生家庭整合、解結，目的是讓我們了解生命的來源，明白生命的神聖，得來不易，然後更懂得尊重原生家庭給予你的一切，不再抗拒它。完完全全地接受生命，學習接受生命給我們的一切，不論好醜，接受你自己，這是自愛的先決條件。

接受原生家庭讓我們放下自我，謙虛地接受沒選擇的生命，這份謙虛能建立愛生命的和諧振頻。全然地接受無權選擇的原生家庭是一股強大的勇氣和生命力，在選擇接受原生家庭命運的那一刻，它認證了我們成為自己生命真正的主人，生命被解放了，我們自由了。在確立了生命的歸依和重心後，這時候的我們，在面對生命中種種的挑戰時，便有力量掏出勇氣，選擇進取、留守還是放下，不再害怕失去甚麼，生命從此不再軟弱。

很多人誤以為擺脱家庭才能活出自己，成為自己，不再被家庭牽絆，可以自由自在做回自己，做自己喜歡的事，對自己負責任就夠了，還以為你是獨立的。這種自由主義是欠缺根的，也是虛弱的自由。

假如你否定原生家庭，你將永遠介意自己，否定自己。當你肯定了、接受了你的家庭後，你才能成為一個「自由」的你，因為你不再需要活在否定家庭的陰影下，像未還清債務一樣，只想逃避。不用逃避就是自由。接受原生家庭能令你眼睛發亮，挺胸走步，堂堂正正走自主的人生路。這時的你才真正自由了，你明白自己內在分裂的緣由，能決心整合分裂的自己。你開始願意學習去愛自己，修養自己，不再混亂過活，不再浪費別人和地球的資源，沒有白活、白佔能源。這時，你可以大方和自信地告訴別人你的姓名，你可以去愛自己、愛別人了。

讓我們學習謙虛地接受生命，和上天給我們的一切。一旦能接受天命，我們才能接受自己的一切，包括自己的好醜。為了自愛，我們願意改善自己，讓自己超越既定的原生條件，比上一代更進步，活得更好，生命的延續因而變得更有意義。

跟原生家庭修好關係和感情，重新整合，解開心結，人才能真正感受到安全感和自我價值。在這刻，你不再和誰分裂了，你解放了負面的原生枷鎖，你享受獨立地靠倚原生家庭的幸福，跟你還在母親子宮裡深受保護和照顧的愛的振頻136.1赫茲重逢，而這自由和幸福感，激活了願意自愛的動力，也能讓你從容地享受自愛，持續自愛。

○ ○ ○

學習尊重

尊重自己：肯定我是誰

當你向別人介紹自己，說出自己的名字時，
這意味著甚麼呢？
這代表你肯定你自己，願意對自己負責任。

之前談到，要照顧好自己，就是要整合分裂的自己，以統一的、穩定的一個整合的自己來展示人前。要表現一個整合、統一的自己，先要接受自己，尊重自己。

我們很多時候忘記了，在尊重別人的同時，必須也懂得尊重自己。這牽涉到你是否先肯定和認同你自己，別因為以尊重、遷就或愛別人之名，迷失了自己。

尊重自己的第一步，**就是先肯定自己是誰**。

小孩子學習社交時，第一句學懂的話是自我介紹。我叫××，我×歲。我們跟小孩子溝通時，第一句話也會問：小朋友你叫甚麼名字？

小孩子從介紹自己開始確認自己的身份認同，親自確認一個**獨立的、獨特的**自己。他不再只是誰人的兒女，他原是他。而這個稱號、**這個名字，就是建立自信和承擔責任的開始。成熟的人、成長的人會肯定自己，願意對自己負責任。**

你是誰？當你交朋友時，你會像兒時一樣先自我介紹嗎？微博年代，我們似乎都忘了自己是誰，慣性不負責任。後遺症是有的，我們變得越來越不敢確定自己是誰，沒有為自己所選擇的角色、份位和言論負責任，進而越來越迷失自己，自我否定。

細心分析後，你會知道，你選擇不報上名字，不先交代職位和身份，不過是逃避負責任，不想承擔後果，你不是你，你也不是誰。你在網上可以高談闊論，自我膨脹；你在人前卻抬不起頭，眼睛不看人，機械一樣的幹活，下班，不時想逃跑，只是逃不掉，壓在無奈下繼續低頭，隱形自己。

你要認得出你是誰，所以你要一個名字。但是現在大部份人都不願意告訴你他的名字。人緣之間的交流裡，或者是在微博上，你已習慣甚至刻意收藏自己的名字，你喜歡微博，是因為喜歡可以在上面隱形地批判，扔垃圾，發洩情緒。

當你向別人介紹自己，說出自己的名字時，這意味著甚麼呢？這代表你肯定你自己。當嬰兒第一次面對鏡子，認得出那個是自己的時候，他第一次有了「我」這概念。在鏡子前面，我就是他，他就是我。當人第一次認得出自己的時候，也是肯定「我」的存在。如果你說你是某某，你將要說的內容就是由你親口講出來的，你要負責任。很多動物沒有認出自己的能力，沒有「我」這個概念，所以他們不用也不會對自己的行為負責任。我們卻不一樣。

我經常收到電郵，內容是邀請我合作，或者尋求諮詢。他們有時連稱呼我的名字也不願意，只寫：你好，我想跟你合作，請回覆我。沒有下款，沒有署名。我應怎樣回應他呢？

只是發出簡單的幾個字，然後要求別人回覆。到底是誰在跟我說話呢？到底我要回覆誰呢？這種隨性或刻意匿名的態度是不禮貌、欠誠意和不對的。第一，他不願意代表誰；第二，他不想負責任；第三，可能他也負不起責任；第四，他的誠意嚴重有限。這意味著他不想對自己的言詞負責任。也許這些人不想被他應代表的單位知道，為免惹麻煩；也許這些人根本不覺得自己是甚麼，瞧不起自己，覺得自己是誰並不重要，甚至從來沒有人尊重過他，所以他也不懂得尊重自己和別人。

假如你沒有在一個互相尊重的環境下生活過，你自然不懂得尊重和被尊重的意義。可是，當你活在一個沒有你、你不是甚麼的世界裡，你能去愛、要求愛和感受愛嗎？不能，因為你不是誰，你甚麼都不是。

先尊重自己，就是先肯定自己，確認自己是誰，這樣你才完整，才能表達自己。

年前內地的節目《中國達人秀》很火，演唱巴伐洛提《今夜無人入眠》「賣菜版」的五十五歲賣菜嬸嬸，一身工作服，束著小甜甜孖辮，站在舞台上堂堂正正大大方方，向評委大聲說：「我是蔡洪平，我是賣菜的，我最大的夢想就是能把我的歌聲帶給更多的人，讓我能夠在世界的舞台上展現自己的聲音。」她對自己的職業沒有絲毫自卑感，對自己發自內心地肯定和驕傲。因為這份驕傲，我們也為她的勇敢感到驕傲。這個女人很了不起。你有像她這樣的勇氣嗎？你可能讀過大學，職位很高，可是你在面對陌生人時不敢正視和說出自己的名字，實在很丟臉。當很多人連自己的名字也羞於坦白，跟別人說話時眼睛無法正視對方時，這位大聲叫出自己名字的賣菜嬸嬸實在了不起，起碼她敢於抱擁夢想，堅守尊嚴，生命令人敬畏。

在西方的演講會上，到台下發言時都有這樣的規舉：先舉手，被選中時站起來，先主動報上名字才發言。這是為甚麼？是為了尊重。先尊重自己，肯定自己，這是表達自己的第一條件：先對自己負責任。

因為尊重了自己，你會變得主動、大方、自我肯定。你會主動向熟人打招呼，在電梯跟鄰居打招呼，向小販問好。向別人打招呼問好，不為利益，純粹因為你對自己感覺良好，願意向別人肯定你自己，同時肯定別人存在於你的世界裡，各自的世界，彼此照亮。

記得初中時代我是個自我收藏的人。自卑、自我否定，走路低著頭。一天早上在學校附近看到一向嚴肅的、非常權威的意大利籍修女校長，馬上假裝看不見，急急地走過。誰知校長截停了我，我心想這次一定被責罵了，可訝異地她竟對我微笑鞠躬說早安，身教我這個沒自信、逃避的學生應如何面對自己和別人。這位謙卑的校長，從此教曉我甚麼是尊重自己。

你不敢介紹自己，也是不敢面對自己，因為你也瞧不起自己的身份，你並不為自己的職業、角色、背景感到驕傲，你甚至花一生在逃避你就是你，你所以成為你的歷史、家庭和關係。你應當開始明白為何自己無法建立自信，總是對生活和人生不滿的原因是甚麼了。

尊重是甚麼？**那是面對面**、**眼對眼展開溝通**，**給自己和別人面子**，**願意平等地共存**。

你沒有肯定自己，所以才害怕別人離開你，害怕失去誰。當你很怕誰離開，很怕失去時，其實是你沒有先肯定你的存在，沒有先愛你自己。

簡單來說，你沒有尊重過你自己，你連自己是誰都不敢肯定。為甚麼不敢肯定呢？因為要負責任、包括痛苦的責任、傷心的責任、承擔的責任。你心裡很清楚：「我肯定了自己，我便要對自己負責任。」你否定了自己，以後便可以逃避問題。

當然有些人相反，他們表現得很自我中心，全世界只有他自己，自己很重要，要求別人都要配合他，把他放在第一位。這種人過份自以為是，以為自己了不起，但是你會發現，他們內心隱藏的那個自己，其實也是在隱瞞和掩蓋自己。他需要靠別人來肯定自己的存在。當你不敢肯定自己的存在時，你會容易借用或利用別人來肯定你，剝削別人的能量來陪伴你、認同你。自我中心的人可能是最脆弱的人，不想承擔自己的責任，其實跟三歲小孩沒有分別，原來你沒有長大。

尊重是一種力量，也是一種修養。**你能懂得尊重自己，才能被人尊重**，**也知尊重生命，愛惜地球，懂感恩**。懂得尊重自己，自懂得尊重別人，對別人感恩。當你遇到值得感謝的陌生人，有修養的你，會不分對方的階級和身份，主動報上自己的名字，再問對方的名字，然後恭敬地直呼對方的名字，說××，謝謝你。

這是最尊敬的感恩，因為你由衷讚美和肯定的不是無名的他，而是擁有名字的、獨特的他，也是擁有名字的、獨特的你。

○ ○ ○

為甚麼要談尊重

人的相處應該是這樣的，
就是面對面、眼對眼的親近關係，不是紙上談兵或理論。
這是一種「有你有我」，不只「有我」的胸懷。

尊重是甚麼？人的相處應該是這樣的，就是面對面、眼對眼的親近關係，不是紙上談兵或理論。這是一種「有你有我」，不只「有我」的胸懷。「有你有我」是指，不會只有一個你在不斷講話，沒有理會對方的存在。尊重的環境條件是我跟你、我跟這個世界、這個社會、這個宇宙同在一起，才需要講求尊重。反過來說，只有一個人，談不上尊重的需要，你自己活好就行了，因為，尊重的意義是對應於這個自己必須在群體世界中生存才成立的。

為甚麼要討論尊重這話題呢？

眼看這個年代，智能手機、微博微信的出現後，人與人之間的溝通方式大大改變了，變得方便了，卻不再親密。促進交流的科技本身沒有問題，它確實是很偉大的發明，帶給我們很多方便，讓我們更容易接觸別人、世界和資訊，但是反過來，我們錯用了它的話，便造成很大的隔膜。

細看現代人是如何溝通的呢？在**手機年代**、**微博年代**，「**人**」**這個概念走到一個破產**、**隱形的地步**。怎麼說呢？智能手機有很多功能，你以為掌握了一個功能之後，你便好像得到了一個權利，譬如你的手機可以拍照片，你便隨便拍，沒有先問批准。我們在臉書、微博上轉發或所謂的「分享」，也不過是因為有這樣的功能，我們覺得「應該」用它，理所當然地用它。因此出現了你隨便對著別人拍照片，不管對方是否喜歡或願意，或者錄音、錄影，因為你覺得手上已擁有這個方便的功能，你買了這個功能，你覺得已擁有了它隨意使用的使用權，可以隨時把未經同意拍下來的東西轉發和分享。

這裡出現了甚麼問題呢？

在這事態上，你跟誰的關係最密切？肯定不是被拍者，而是這個功能。不知道哪裡來的權利，你通過它做喜歡的事、無意識的事，只因為你覺得有功能在手，人人都可以這樣做。功能決定了行動，也扭曲了權利，埋沒了尊重。

你有沒有想清楚這些行動的目的是甚麼？在微博上，百份之九十的留言或評論其實都是不經細想、隨便拋出的垃圾。對事情沒正面影響，甚至對自己也談不上過癮，只是不行使這回應的功能的話，你的心會慌張，原來這功能的設計意圖正是為安撫你害怕寂寞的心理，你希望通過使用這些表面是溝通的功能，讓自己無時無刻投進虛擬溝通的假象中，令自己不愁寂寞，不被離棄，不再隱形。

說白了，其實我們熱衷上網、回應、拍照後轉發，不過是想告訴別人我存在，別忘了我。「求關注」變成這個溝通殘障世代的集體心理病。這種關注是自我中心的，甚至是害怕失去自己的病態行為。你所犧牲或忽略的，諷刺地正是不再懂得尊重別人，也忘了先尊重自己的人格。

我們現在在館子吃飯的病徵是先不吃，也不看，先舉起手機拍照片，馬上轉發給可能連面也沒見過的所謂朋友，確保你連吃飯也有「人」在陪你、關注你。我們一旦離開手機，無法轉發訊息時，內心可能非常空虛、不安或恐懼，現在甚至有新創的心理病症叫「無手機恐懼症」。這是低頭的年代，現在所有人無時無刻都向手機屏幕低頭，忘了要抬起頭做人。

其實你知道問題在哪裡的，可是你捨不得離開，因為離開這行為後，你突然變得一無所有，不再被關注，極度空洞。這樣活的你其實很可悲，你到底跟別人分享了甚麼？分享的內容是甚麼？大部份都不是原始的內容，不過是拿來主義式，把別人的圖像和説話翻幾翻後變成「自己」的東西。我們早已忘了應該尊重訊息的來源。不再諮詢一下對方是否願意讓你拍照或錄影、被你轉發或分享、被分享後對方的感受如何等等。你只關心自己的空虛問題，為了令自己變得富有，你能拿出來分享的內容，諷刺地都是別人的東西，你根本沒有自己的東西。唯一屬於你的內容，大概就是那頓飯，那幾盤菜，你卻只關心拍照傳送到網絡上去，對飯菜非常不尊重，更可能還浪費了。

更不用說，我們早已忘了需要尊重知識產權的問題，你甚至會自辯說：「誰都是這樣在網上拿來用的，你不喜歡被使用便不要放在網上啊。」這說法相當恐怖。你可以說，誰都是這樣。但誰都在做的事情不一定就是應該的、合法的、合乎需要的。我們需要懂得用自己的判斷力去判斷，別說誰都做了，我便應該可以做。你會盲目跟從「羊群效應」，失去了自己的判斷力。你已走到失去自己的邊緣，甚至已徹底失蹤了。

我們需要重新重視尊重別人的修養和原則，因為我們同時也變成不被尊重的受害者。通常不覺得自己隨便侵犯他人私隱是有問題的人，其實也不懂得尊重他自己，譬如自己的人格。能逃到網路上隨便胡亂發表不負責任的言論以求發洩，不過是因為你在利用隱藏自己真正身份的功能而已，你刻意不想負責任，靠刻意中傷、佔用、剝削他人滿足自己。這就是說，你的行為背後同樣是否定了自己，不想承認自己是誰，對言行負責。你首先沒有尊重你自己，一直在逃避自己。

尊重是對自己、**對別人**、**對生命的肯定和重視**。

○ ○ ○

甚麼才算是尊重

尊重是一種交流的藝術和修養，
需要彼此協調，
並且適可而止地表達你的想法和感受。

尊重涉及人與人之間的溝通。

很多人對尊重有誤解或前設的價值觀，以為只要對別人懷有好感，靠近對方，向對方表達認同、欣賞或傳達對方的信息，便是一種尊重。有人甚至說：「我因為喜歡你才吻你的。」或者抱怨：「我尊重你才要求跟你拍照或握手，為甚麼你不領情？」這些情況多半發生在愛慕之情或者迷戀名人、追星的情況下。他們覺得，只要我喜歡你，我做甚麼都不應有問題。

這只是站在個人喜好及慾求的立場和角度，濫用「尊重」一詞來合理化和包裝自己的行為，可這些行為難免容易惹起對方的不滿、不認同或抗拒。這時，你會感到受傷，因為對方不欣賞你對他表達的所謂「尊重」。但其實你搞錯了，這不是尊重，這只是一廂情願的、單方面的慾望行為，並沒有得到對方的認同、認可、容許或心甘情願的接受。說白了，**你不過在勉強別人做你單方面感覺良好的事情**，你其實**並沒有尊重別人的意願和感受**。

要知道怎樣才算真正尊重別人，必須先弄清楚你表達認同、親近對方，或者和對方相處到底想得到甚麼。你要先問自己以下的問題：

1. 當你想親近對方，在表達自己這想法時，你預期對方的反應會是正面嗎？
2. 你準備用甚麼方式向對方表達你對他的關心、關注、尊敬或愛慕呢？
3. 你們彼此有沒有正面的溝通？抑或刻意隱藏，不敢表露自己？
4. 你們溝通的方式是虛心聆聽，抑或強迫對方表態，只顧發洩情緒或壓抑？
5. 你有沒有用心感受過對方和自己？

清楚知道自己想要甚麼、想表達甚麼後，不妨換個立場，從對方的角度為他設想，到底你是否知道他的意願、想法和感受呢？你是否重視他想要甚麼呢？

很多時候，我們只關心自己的**想法和需要**，**卻沒有關心對方的需要**。尤其是在對方並沒有做到你預期或希望的回應時，你可能會埋怨，為甚麼他這樣冷淡或被動？我已跟他主動溝通了，我覺得自己已很尊重他了，為何他還是沉默？

你要明白，你不是他，他有他的需要，也有沉默的權利或表達的難處。**沉默並不代表他不尊重你**、**輕視你**，**可能不過是反映了他在溝通上的無能**、**無助和脆弱**。他不是不想跟你溝通或交流，可能只是不懂得表達或交代事情和感覺而已。

但沉默不是藉口。真正能帶來和諧、良性交流能量的溝通，是需要向對方主動和盡量清楚地交代你自己的。**交代是一種尊重**。**我們有責任在對方合**

情合理的期待下向對方交代，目的是讓對方安心，讓自己清白。譬如你應在合情合理的情況下主動對親人報平安，別讓他們擔心你。這是尊重，而非犧牲了自由。在這種情況下，我們不應太過自我中心，不理會別人尤其是最親密的人的感受。

我們也應尊重和認同一點，就是在親密關係或健康的人際關係裡，對方對你未曾表達的想法和計劃，擁有合理的知情權和與你交流的期待。

尊重是一種交流的藝術和修養，需要彼此懷著良性意願去協調，並且適可而止地表達你的想法和感受。別太苛求或勉強。我們應互相尊重對方的空間、私隱和自由，但同時不忘表達你對對方的關愛和照顧。

○　○　○

當心自我膨脹

利用別人來成就自大的人其實很自閉，
最終不過孤立了自己，製造更多不必要的關係角力或暴力，
為自己和別人帶來傷害和不安。

很多年前，有一個編輯找我，跟我說她很欣賞我，很喜歡我的作品，希望跟我做一個採訪。她說她看過我所有的採訪了，沒有一篇能寫出真正的我。我說那你要怎樣跟我做採訪呢？她居然說，其實她已經寫好了。天，我還以為自己聽錯了。但她說真的寫好了，我說但你從沒有跟我做過採訪呢？她說沒問題，反正就是已寫了一篇最好的了。我說那請傳給我看一下。她傳過來了，果然是「傑作」一篇。首先，文章內沒有任何一句話是我說的，而且，整篇文章都是她憑空想像寫出來，充滿了感性的、個人色彩的文字，相

關的材料只是從網絡上東抄西抄未經核證的內容，很多都不符事實。我馬上告訴她這篇文章不行，第一根本不是採訪，不是專業的報導，第二內容都不是事實。我說我不認可這種非專業的所謂採訪，而且覺得她非常不尊重我，請她不要刊登。

誰知她聽後馬上反目，情緒激動，感到很委屈和很受傷地跟我說：「我是很優秀的作者，我個人很喜歡你才寫你，你不喜歡我所寫的不要緊，但我還是覺得我這篇採訪是寫你最好的一篇。沒關係，我還是喜歡你的。」然後她就不管我了。

她把問題歸結於我是否喜歡她寫的內容，而非內容是否屬實上，對人不對事，明顯是以感情用事處理事情的典型例子。

甚麼是目中無人，自以為是，大概能盡顯在這位剛大學畢業的女生身上。自我膨脹的人無法容下別人，因為他除了自己，甚麼都看不到、也不覺得重要。自覺優秀，眼中只有自己，最基本的沒做好，只覺得自己所做的都是了不起的，也不聽別人的意見和批評，自我中心爆棚。這些人因為自大，不可一世，到處會碰釘子。可是他們只會覺得懷才不遇，沒有人賞識他們，唯有以更大的自我膨脹來掩飾沒有被認同的心理缺失。

當心因自我膨脹而忽略了尊重別人。利用別人來成就自大的人其實很自閉，他們只能死守在單向的自我認同裡，拒絕理性溝通，一意孤行，死要面子。他們不能接納別人，只活在自己的世界裡，最終不過孤立了自己，製造更多不必要的關係角力或暴力，為自己和別人帶來傷害和不安，無法在和諧的、互愛的共振頻下和別人相融和共處。

所以說，尊重是一種修養，從調校自己開始。

○　○　○

第二章　如何進行自療

你混亂了

你要自療甚麼

接受自己後，要踏上自愛的路，我們首先要認清自己各種分裂的元素，逐一清理、調校，一步一步學習照顧自己，愛自己。

自愛和修行，是學習搞清楚自己的混亂，在亂中求定，人才能有力量培育智慧，面對一切的好與壞。

自愛是自我療癒的過程。

要知道療癒甚麼，應先看到自己的弱點在哪裡、病在哪裡。

人性的核心弱點離不開三大元兇：**混亂、貪念和懶惰**。這三大元兇製造了不同程度的不安和傷害。我們要療癒的，正是它們的後遺症。

關於貪念，不同世代和背景的宗教、道德觀、心理學、靈修信仰等範疇已談論或分析過上千年了。沒有人會否認它的存在和害處，也知道自己潛藏著、表露著貪慾的危機，甚至已造成了困擾或禍害。轉化貪念需要修養自己，這點是毋容置疑的，這裡我不打算細談。至於懶惰，不用多說，每個人應很清楚它的潛在害處，知道應該調校這陋習。

這裡我想細談的是混亂。

○ ○ ○

情感意願的結果

我們依主觀情感意願看人看自己看世界，
然後作出判斷的話，容易造成很大的混亂，
因為活在分裂的狀態下，我們難以看清楚真相。

別以為混亂跟你沒關係，別以為你是井井有條的。你錯了。大部份人都以為自己的想法很清楚，以為自己已表達得很清楚，因為我們是依照自己的思路去表達，總以為自己的思路是正確的、順暢的。不過，這願境只發生在你自己的世界裡。你的順暢可能是別人的交通擠塞或混沌，而你卻沒有察覺到，因為你只活在自己的細小世界裡。

構成我們混亂的重要元素是**自我分裂**。

前章已談過，我們其實很分裂，我們並不是一個整合的、完整的人，每人都有n個自己，我們只是n個自己的合成體。在不同場合，見不同的人時，我們都會展現不同的面貌。甚至當我們面對自己的內心時，也可以發現我們有不同的、壓抑的、深藏不露的自己。當你想催眠自己，覺得自己很美時，你在鏡中看到的自己便會變得很美，或者你花了很多錢買化妝品，塗在面上後總會說服自己，以為自己真的變美了，看起來年輕了。

這是造成我們如何看自己的障礙：我覺得如何，我想像如何，我用強大的意願製造真實的感覺。可是，這願望再大，也可以跟真實相差甚遠。所以有女人看不到自己不夠美，自我催眠充滿自信，自覺很美然後去選美。或者相反，總覺得自己不夠美，活在極度自卑中。

我們如何想像自己，便導引我們成為一個怎樣的人、我們以為的那個自己。同時，我們也想像別人是個怎樣的人。**我們依主觀情感意願看人看自己看世界，然後作出判斷的話，容易造成很大的混亂，因為活在分裂的狀態下，我們難以看清楚真相。**

混亂能令我們難以做決定，陷入迷茫中，無法理性地行動，或者做了錯誤的決定，自傷傷人。

一般情況下，我們很少察覺到自己很混亂，但當我們被追問、被查詢時，我們的混亂才現形，這時我們才發現自己原來很混亂。

譬如我問：他對你好嗎？

你可能選擇不直接回答，卻告訴我他曾買過甚麼給你，或者他幫過你甚麼忙，令你釋放了。你甚至會舉出很實際的事例來回答，但其實你並沒有直接回應我的問題。我的問題是：他對你好嗎？你只抓住一個字：「好」，將之無限擴大，你希望證明他的好，而非他是否對你好。你要不是沒聽清楚問題便回應，便是故意避開你潛意識裡不想回應的問題，只選擇你想表達的內容。為甚麼呢？

因為我剛才的問題可能隱藏了潛台詞，即是帶著質疑性地問：其實他真的對你好嗎？

你可能很想製造一個你想要的答案，即是你很想他真的對你好，所以你聽到我的問題裡有個「好」字時，便盡量搜索和「好」有關的記憶素材去成全你的意願，令你最終能有「根據地」回答：他是好的。所謂客觀的事實不過是經過過濾、篩選和加工的結果。因為你的主觀意願太強，強到可以製造客觀性，令自己信服。你希望答案是好，你便會用盡方法令它變成好。

我的問題是：他對你好嗎？你只選了他做過你需要的事件來支持你覺得他好，但你的答案並不能代表他真的對你好。讓我再追問下去：那他買東西給你，或幫助你時的態度是怎樣的呢？

這時你被逼多走一步，看清楚真相：對，他的態度確實並不好，甚至是很差勁、敷衍、嫌棄和惡劣的；他真的給你想要的東西，幫過你解決難題，但他真的對你好嗎？

你死命地說服自己真的覺得他對你好，因為你已取得你要的東西，你捨不得放手。你覺得沒有他便沒有那些好處，但他並不是真的對你好。你不敢正視問題，潛意識令自己聽不到看不見對你製造不利答案的內容。我需要追問下去，逼使你看清楚、記清楚，真相才會現形，你開始啞口無言，你才開始質疑或接受其實他可能真的對你不夠好，這是你最害怕確認的答案。

其實我們常常有這種猶豫：要不要買這股票？要不要追這個女生？要不要買這東西？我們會合理化自己的意願，逃避看清聽清全個面貌，甚至只希望隨著自己的想像和慾望去做想做的事，不顧後果。這是容許情感意願主導想法和行動，結果導致思維和事態混亂。

○　○　○

欠缺自我了解的結果

每個人都是由很多層自我折疊合成的，
假如我們混亂地、懶惰地，只慣性地活在想像的那個自己裡，
我們其實對自己一無所知。

再來一個問題：你覺得自己本性善良嗎？

你可能覺得，你很清楚自己是善良的，因為你願意自己是個善良的人，所以你會回答：我是本性善良的。

若我助你發掘所謂善良的證明，你可能會發現，原來你的善良可能是出現在對你所愛的人身上。你很關心他，盡量在他面前表現出你是善良的人，於是你便以為事實上你好像真的是個善良的人，因此你可以堂堂正正地告訴我你是善良的，你本性善良。

但若我再追問你其他事例，譬如情史，你才赫然發現，原來你曾經狠狠地拋棄過某些人。你真的曾經有動員過狠心的本性，不管理由是甚麼，你真的做得出，狠得出，因而傷害過別人。你發現後，起初會用很多理由自辯，如問題在對方不在你，所以你有需要狠狠地離開他或拋棄他。但事實上，你確實能做得出狠心的事。這個你本性也算善良嗎？**你清楚自己到底是個怎樣的人嗎？抑或你會掩蓋你不想浮現的那些分裂的自己**？

瞧，**我們一直用想像，一廂情願地隱藏著那些真實的自己**。

當你照鏡時，有時會感到心寒，或者突然發現並不很認識自己，對自己感到陌生。看別人也一樣，突然會發現對方很陌生，像變成另一個人一樣。這時你才知道，你並不如你想像中穩定和統一，其實你是頗混亂的。當你不確定不清晰時，你便會慌亂。平時在沒有被質疑、查問或挑戰時，你不會自覺內在的混亂，因為少有人會深層次地追問你，或者你的回答很容易被接納，不再被追問，那你便沒有機會被「起底」，揭穿自己的深層面目。

當遇到某些啟示時，譬如在學習或治療過程裡，你發現原來你有另一些你並不認識的自己。同樣的發現也在別人身上發生。你會發現你並不熟悉他，並不真正認識他，即使已在一起很多年。

譬如你一直以為他喜歡吃水果，突然才知道原來他已不喜歡了。譬如她昨天還說喜歡玫瑰，今天突然喜歡上鬱金香，卻期待你知道。你要留意自己也可能出現這種突變的情況。原來你在表達自己時很多時候欠缺內容和方向的穩定性，也沒有給予別人合理的心理準備去接受你突如其來改變的主意。或者你在改變主意後沒有作出適當的交代，因此對你有合理要求和期待的人會失望。這些心態上、喜好上、思維上的變化或搖擺，令你和別人陷入混亂，難以配合，製造不安。這造成了你和自己、你和別人在關係和情感上的鴻溝。

這些混亂，一半是你欠缺自我了解或了解別人的結果，一半是因為粗心沒有交代的結果。

每個人都是由很多層自我折疊合成的，**假如我們混亂地**、**懶惰地**，**只慣性地活在想像的那個自己裡**，**我們其實對自己一無所**知。所以，當困難出現時，我們便混亂、無助和迷惘，不懂得處理，正因為原來我們對自己並不了解，甚至感到相當陌生。

欠缺自我了解的你，特別容易介意別人對你的評價，難以接受被別人批評，哪怕只是被別人說了一句很隨意的話，譬如：「你怎麼又來了？」你還沒有聽清楚，便已反射作用地動員了負面的情緒和內心的脆弱來回應，心裡想：他是不是很討厭我？我是不是來錯了？你馬上自我否定，亂了陣腳。

你的回應往往能反映你的內心是強壯抑或脆弱、正面抑或負面。

你可能會問：**那我該怎樣做才能清晰地了解自己**呢？

回到剛才那問題：你覺得自己本性善良嗎？其實這是很複雜的問題，複雜所指涉的是人，是你，不是問題的本身。人都是複雜的，你肯定有邪惡部份，有貪慾。你怎麼知道或確保何時會善良，何時變醜惡呢？當你在公廁撿到一個iphone時，你要拿走抑或放下？拿走是代表你貪心和邪惡嗎？不拿走代表你善良還是笨呢？這裡可以帶出很多道德辯論，我們有些時候其實並不很清楚原則要放在哪裡，抑或其實並不需要那麼認真。我們在不同時候和情況下都會自動調校某些道德原則，這裡沒有簡單的方程式。

所以我們難以恒常地保持清晰地看待或處理任何事，需要一步一步的成長才能回應問題。三歲、十三歲、三十歲、六十三歲看同一件事情，我們也有不同的觀點和立場，因為閱歷、年齡和身體的變化，讓我們對世界、對自己產生的看法和慾望都不一樣。**要變得清晰**，**不製造混亂或麻煩**，**我們需要成長**，**這是人生的責任**。別介懷成長的過程會辛苦，再辛苦也要走上路的，這就是人生，不能推卸的人生。

○ ○ ○

沒聽沒看的結果

我們只是靠想像和記憶去製造所聽到和看到的「真實」，我們都比我們想像的粗心。

我們常常以為自己想得很清楚，說得很清楚，可是最後發現原來問題在自己處，其實我們並不清楚。為何會這樣呢？因為我們沒有用心去看、去聽、去問。

大部份人其實是不聽不看的，或者只是很粗疏地聽了看了，沒有用心，也不放在心上。我們只是靠想像和記憶去製造所聽到和看到的「真實」。就像你來聽我演講，估計大部份人是帶了一個對素黑的記憶、印象甚至想像而來，譬如很多人以為我是很高個子的，看到我後才發現原來我那麼嬌小。

你其實沒有用心細看和聆聽身邊的人，包括跟你很親密、你每天見著、你以為應該很熟悉的人，你只是用了記憶來想像他們。

我們平常所想、所做的，跟別人溝通時的內容，其實可以跟現實存有很大的距離。譬如我們常常覺得明明付出了很多，努力了很多，還是沒有達到預期的效果。這個「效果」是甚麼意思呢？就是我們期待的不是所得到的。我們應先反省一下，是不是自己混亂了，以為自己很清醒，其實我們都比我們想像的粗心。

說粗心是相對於細心。**混亂的相對面是穩定、清醒、仔細和細心。有些人常常以為自己很細心，但是其實很粗心。粗心是指你帶了期待和記憶做事，或者跟別人相處，但你沒有在當下細看。**你以為對方是這樣那樣，需要這樣那樣，可是那可能是十年前的事了，事實上他已變了，你並不知道。可是你還埋怨對方沒有領你的情，讓你白白為他付出了，自覺已很用心很細心地對待他，他就是不理解你。這是一種感覺上的矛盾，而非事實上的矛盾。事實上他已經變了，只是你沒有發現而己。因為你沒有與時並進地細看和聆聽，你忽略了原來人是會變的，你卻活在期待不變的希冀中。是你停步了，別人卻在前進。

我們對自己也非常粗心。

我看個案的時候，常常會問受療者這個問題：「你有便秘嗎？」大部份人都慣性沒聽清楚或想清楚，不經大腦便回答：「沒有。」我故意再問：「真的沒有嗎？」他們才開始懷疑，回答：「應該沒有吧。」我再追問：「那你多少天大便一次呢？」他們才開始數算，才發現原來並不很確定，大概一兩天吧，再問可能又改口變成三、四天吧。我再問：「你不是說沒有便秘嗎？」他們才突然從糊塗中甦醒過來，馬上嘗試自我保護，反駁地問：「不是聽說三兩天都屬於正常嗎？」然後找很多理由想說服我他說沒有便秘是正確的。

他們第一沒有聽清楚，第二不了解便秘是甚麼，覺得問題很普通，隨便尋求自己的記憶來回答：「今天早上有大便。」不過，他們忘記了上一次原來已是三天前了。

當問題是A時，很多人連想也沒多想便回答B。我再問下去，他們更會拉扯到C或D去，待我再反問：「其實我最初的問題是甚麼呢？」大部份人都會啞口無言，早已忘記了，或者根本沒聽清楚。

在日常溝通上，很多人會出現「問A答B」的混亂情況，產生很多矛盾和衝突，尤其是在男女之間。

譬如我問：「你吃過飯沒有？」很多人會誤聽到我問剛才那頓飯好不好吃。我不是開玩笑的，確實很多人尤其是女人，會馬上把聽到的問題轉化成自己慣性處理資訊的方向或喜好。**女人不喜歡用簡單數據回應你，卻喜歡用帶情感記憶的形容詞來表達自己**，重視相關的情感記憶，即是所謂「感**覺**」。譬如感覺是否好，是否開心，是否漂亮，是否喜歡等等。

她肯定是吃過飯了，但是她不直接回應已吃過飯，卻會告訴你剛才那家餐廳用來盛飯的盤子美不美、餐廳的設計是甚麼風格、環境如何、燈光怎樣等。她可能不自覺便回答了這些內容，甚至覺得問者也應該很希望知道這些資訊，因為她會覺得「吃了飯沒有」這問題太平面，很多餘，無法勾起她的興趣，於是她會選擇回答她更感興趣的事情。

女人的思緒以感覺出發，**你問A她會給你B的答案**，**因為B的答案跟她的感覺有關**，**這就是問非所答**。不過她會覺得這個答案很有質感，很實在，覺得也是你想知道的內容，更重要是，**她抱有想跟你分享這感覺的慾望**。換上是男人，他可能要求的就是給我一個A的答案吧，她卻給他B的答案，但他可能只想知道吃了還是沒有吃，她多答了別的反而令他覺得她沒有回應他，多餘了。結果，雙方都覺得對方不理解自己，沒耐性聆聽，造成了溝通上的鴻溝。這，就是亂。

尤其是在思路和語言溝通上，我們常常陷進混亂中而不自覺。我們總以為自己已很清楚，可永遠只有你自己明白，別人跟不上你的思路。在這情況下，雙方可能也搞不清楚到底誰較混亂、誰較清楚；到底問的有沒有問清楚，答的有沒有答清楚。最後再問他們到底最初的問題是甚麼時，可能誰都無法追溯，都已忘了。

我們不是經常遇到這種溝通上的混亂情況嗎？

○　○　○

負面情緒振頻的結果

當你情緒混亂時，身邊的人也會感覺不舒服，
正因為我們的振頻能傳達到對方身上，
讓他們的細胞馬上也感受到相同的振動。

很多人看不到自己哪裡混亂了，尤其是當你跟別人說話的時候。假如你細心一點、清醒一點地反觀自己的話，你會發現，原來你所想的和所說的可能完全不一樣。

譬如你很關心他，你想問他是否開心，最近工作上有沒有煩惱等。可是當你看見他時，卻被他遲回家的狀況破壞了情緒，你把剛才想問的「你開心嗎」截停了，被「你為甚麼這麼遲回來」取代。

為何會這樣？因為你雖然原本是想關心對方的，不過看到他做了跟你的

期待不一樣的事情後，掀動了情緒，被脾氣干預了你的關懷。你可能原已滿肚子氣：「我等了你三小時，我準備了好多話要告訴你，你卻拖到現在才回來。」結果一看到他你便氣上心頭。瞧，你已經被自己的情緒控制了，你只能說晦氣語，忘記早已準備的溫柔。

很多時候我們都有這樣的經驗：想問的跟開口講的、之前想好要講的完全不一樣，結果製造了很多負面的溝通經驗和情緒。

譬如本來你不想跟他吵架，但是不知道為甚麼，你們一見面便會吵架。其實在見面前你已準備了很多愛語要跟他說，可是見面後馬上忘記了。我常說「其實我們是很混亂的」正是這個意思。亂，是因為我們不自覺地被不同的情緒控制了反應。

我們很容易被外界因素影響情緒，譬如室內空調冷了一點你便不安了，他晚一點回來你又不安了，聽到不好聽的話你又武裝起來了，你甚至不很清楚自己的想法或心意到底甚麼時候會改變，但可以肯定的是，你很容易變成情緒的奴隸，任它帶領你走向哪裡你便順從地跟著，影響你和別人的相處。

情緒亂了有甚麼不好？情緒亂了，你的亂同時也影響別人，製造不安和麻煩。

亂不僅影響你一個人的感覺或狀態，也會影響別人，尤其是混亂的情緒。

我們都很清楚，當我們發脾氣的時候，受害者都是你旁邊的人。你多一點快樂，別人也多一點快樂；你多一點悲傷，周圍的人也會感染你的悲傷。

我們都不是孤立地存在，人是群體的生物。你現在帶了甚麼情緒進來演講廳裡，你便會把同樣的情緒和狀態傳染給坐在你旁邊的人。這是很科學的事實，因為每種情緒都會發放出特定的振頻。當你情緒混亂時，身邊的人也會感覺不舒服，正因為我們的振頻能傳達到對方身上，讓他們的細胞馬上也感受到相同的振動。

我們也許都有過這樣的經歷：走進一個空間，馬上感到說不出的不安感，老是覺得不舒服，想盡快離開。雖然我們沒有看見有甚麼不對勁，就是感覺有點異常和不安。

相反也一樣。有時我們走進一所房子，就是有說不出的舒服感，像回到前世的家的感覺，你甚至有衝動想馬上把房子買下來。你不知道為甚麼，就是覺得跟它很投緣。

又譬如我們遇上某個人，就是有說不出的討厭或親密感，有人不用說話也能神交，也有沒接觸很多便一見如故，像十多二十年的老朋友一樣的緣份，能不用言語便能互相明白。為甚麼？**因為彼此發放的振頻能量沒有勾起自己和對方負面的情緒，反之，卻傳遞了平靜、安心、滿足的振頻**。

相反，也有跟你活了幾十年的伴侶，你可能到現在還是一點都不理解他，早已失去共鳴的感覺，彼此的振頻不協調，容易惹起不快不安的情緒。若對方以為很理解你，會讓你感到壓力和不爽，因為他活在記憶裡、想像裡，沒有真正去看你和聽你，不知你的變化、感受和需要。你們還在一起，不過是怕麻煩不想處理分手帶來的衝突，反正已成習慣，懶得改善罷了。

○
○
○

亂問問題的結果

問錯問題讓我們活在被誤導的偽安全島裡，繼續拖拉和糾纏，逃避成長，不想真正解決問題。

混亂除了反映你沒有看和聽清楚，及思路欠清晰外，更反映你內心的分裂、隱藏或壓抑。通常可以從檢閱自己經常問的問題，看是否問錯了著手，偵測自己是否混淆視聽和概念。

學懂去問問題很重要，能讓我們避免陷入混亂和糊塗，看清楚自己現在的困局到底是客觀事實抑或是自作自受的結果，也讓我們重新檢閱自己所相信的是否合情合理，準備自己走好下一步，不再走錯。

舉一個例子。你困在一段感情關係裡，不想放手，但對方已不再愛你。

你想留住他，於是你找理由嘗試游說他：「能走在一起那麼多年不是偶然的，必須有很大的緣份和很深的感情才能做到。我們已在一起十年了，不是證明我們還有愛，還有緣份嗎？請別放棄我們珍貴的感情。」

這個論點的謬誤在哪裡？所謂很大的緣份和很深的感情，並不是能在一起很多年的必要條件。貪圖依賴，懶於處理和面對矛盾，一直拖拉和逃避，沒有勇氣承認錯愛，貪財貪色貪方便佔對方便宜等等理由，也足夠可以令兩個人糊裡糊塗地、不清不楚地維持不三不四的關係很多年，原因跟愛無關，也跟緣份無關，不能證明還有愛。是不是應珍惜，反而是最吊詭的問題。是你想找理由掩飾真相，是你害怕孤獨不想分開而自製混淆的理由催眠自己。你應問的問題是：「到底我在逃避甚麼、害怕甚麼而不肯放手和面對現實呢？」

別問令你更蠢的問題。

再看這個問題：「經常保持清醒其實有甚麼好處呢，不是會很累嗎？做人有時不是糊塗一點更好嗎？」

這是好的立論嗎？提出這種問題容易令聽者產生幻覺，誤導他們有被點醒了的感覺。對啊，要清晰是很累的，不如糊塗一點也不壞。但到底這推理令你覺醒了還是愚笨了呢？

當你陷入混亂，解決不了問題時，你才希望找方法搞清楚問題，讓自己清醒一點。要這樣，你是需要付出的，尋找清楚的過程會讓你累，因為你要努力，會遇到困難等，這就是所謂「辛苦」。但這所謂的辛苦的目的是甚麼？它不正是為要解決或改善問題的必然過程嗎？假如這是必然過程，你反過來想否定它、拒絕它，覺得它不好，你是否已偏離了原來的目的呢？你是否已走偏了，忘了原來你需要解決問題的初衷呢？

為何我們會掉進這種混亂的邏輯裡，製造更大的混亂呢？不管我們曾經學過多少知識，知道多少理論或道理，我們原來並沒有好好運用它們，沒用好大腦，沒有在關鍵的時刻善用它，所以我們會容易混淆視聽，透過把問題

「翻轉」來迴避問題。為甚麼呢？原來這樣可以令自己懶惰一點，不用處理問題，暫時放棄不去管。對，人糊塗一點不是錯的，不太累不就是養生嗎？沒甚麼不好。還是先不管那混亂吧。

你在縱容自己懶惰。這是章首提過人製造混亂、不安和傷害的三大元兇的第三位。

要清醒還是糊塗，選擇的理據是甚麼？人要有勇氣選擇真正能解決和改善問題的思路方向。問錯問題讓我們活在被誤導的偽安全島裡，繼續拖拉和糾纏，逃避成長，不想真正解決問題。

層遞追問能幫助自己發現內在的分裂和混亂，同樣地，學習反問自己也能檢閱自己是否混亂，想漏想錯了。這些都是檢閱自己的好方法。

○ ○ ○

慣性懶惰的結果

> 混亂，可能只不過是因為你懶惰，
> 養成得過且過，愛理不愛，敷衍了事的態度，
> 結果亂上加亂，最後真要改善已亂到無從入手。

混亂，其實可能只不過是因為你懶惰。

這點在職場上最容易出現。我們在工作時出現混亂，造成出錯，被上司或客户批評，大多是出於懶惰的結果。工作不是談情，我們有客觀的工作標準水平，就是專業性。專業性包括調控效率、犯錯率、溝通清晰度、跟進度、應變能力、檔案紀錄精準和可靠性、誠信、法律意識、尊重意識等。是不是要求很高？對，所以你才懶惰，不想付出，不思進取，令自己可以推卸責任，即使你不是故意的，也是出於慣性，可懶則懶，沒有認真做好事情，

尊重自己的本份。

不求專業的人將無法辦好事，也為合作方添麻煩，互相消磨，製造不安和疲累。工作讓人叫苦，大多是因為各人的混亂引起的。

敬業就是走向專業。

假如你是工作有條理，管好時間，共事者也一樣，你便很有福，沒有因為混亂直接打擾工作以至生活和情緒，還有空間理順自己。混亂是從外到內的，你會發現，你或同事若是以下這種人便很糟糕：開會不做筆記，事後不作紀錄，空憑記憶辦事，錯了不自覺，還胡思亂想，沒有養成良好習慣為工作訂立一個具體時間表，宏觀和長遠地計劃和深思，精力全花在眼前一件事上顧不了其他，發電郵忘記留下名字也不留紀錄，事後沒憑證，只憑記憶去「證明」自己沒犯錯，有紀錄也不公開……總之，所有工序都憑感覺，犯錯被追問被批評後，你的第一個反應是感到委屈，還試圖爭拗，對人不對事，繞圈子說已付出很多卻沒有被認同，無視自己浪費多於貢獻，只因為你懶惰沒做好本份，製造了層層疊疊的混亂。

這種惰性也出現在功課、家務、財政、生活和感情的管理上，能拖便拖，能推便推，能不做便不做，能依賴便依賴。**你的懶惰縱容了混亂，後果是助長了欠缺責任心和自我改善的決心和意志，漸漸養成得過且過，愛理不理，敷衍了事的態度，讓你變得越來越沒上進心，不求進步，怕惹麻煩，結果亂上加亂，最後真要改善已亂到無從入手，更加失去動力和鬥志。**

○　○　○

抽離語境的結果

不要抽離語境去理解和實踐任何道理，
不然只會令你越想越混亂，
最後甚麼都不敢認同和相信。

我們讀到某些啟發心靈的道理時，最初認同了觀點A，以為找到了人生答案，可是遇到貌似相反的B說法時，便像被欺騙了一樣，原來相反也是對的，那甚麼才是最後答案？我們掉進了心存疑惑、似是而非的陷阱。

譬如你讀到這些道理：

道理1：世上沒有真正沒用的人。
道理2：生命到最後沒有誰欠誰。

道理3：人最終需要靠自己。

道理4：順其自然是最好的。

其自相矛盾的道理是這些：

道理1.1：當你連最基本的事情都沒做好，你還有甚麼用？

道理2.1：當你浪費別人的感情和時間時，你能如何償還欠他的債？

道理3.1：在難關當前應放下自傲，讓別人幫你走出來。

道理4.1：人要靠努力完成自己。

你開始混亂，反問這些似是而非的立論到底是不是歪理。對，就語義上，這些立論都是自相矛盾的。不過，我們要學習注意一點：在一般論述下，語義都應有其統一性，不能前後矛盾。不過開啟心性的論述則有點不同，它的目的是訓練開放的閱讀，反對單一的詮釋，助你打開更多視野和心胸的度向，因此它們沒有自相矛盾，反而是互相補足，增加開發智慧的深度。

開啟心性的句子都有其特定的語境和旨意。譬如：

道理1：這是安慰和鼓勵式的說法，針對失去自信的人，叫你別小看自己，走出自卑，發掘和發揮自己埋沒的才華，目的是自我肯定。

道理1.1：這是提點式的說法，叫你當心好高騖遠，自以為是，提醒你別太自大。這不是說明人是否本身都有用，而是針對自以為自己了不起的人而警醒的話。

道理2：這是開啟心胸的說法，對象是太執著於計較的人。當你老是覺得別人欠了你，或者你欠了別人，你一生也活在自困的內疚或不甘中，無法解脫。

道理2.1：這是提點式的説法，從具體的情況敲醒你別再逃避責任，別再因為自私或貪念剝削別人為你付出的感情和時間。這句的重點在責任，不在欠債。

道理3：這是揭示式的説法，説人最終要靠自己，是針對太過依賴別人，逃避對自己負責的懦夫。「最終」是重點，暗示你躲不了你的責任，最終還是要面對和承擔的，勸籲人別貪圖依賴。

道理3.1：這句的語境很不同，是針對遇上困難時人應開放自己，別以為能靠自己解決一切問題，提醒你當心自我中心害死你。這層次的依靠並不是依賴，更多是叫你放下和開放自己。

道理4：這是針對過於努力而虛耗能量的人，有時需要懂得放下，別以為自己可以改變一切。

道理4.1：這是針對不夠努力的人，提醒你別急功近利，貪圖安逸。

我們現在應看穿一個道理能有多重層面，別篤信非A則B這種絕對性的信念方向。**深層次的道理都不可能只給你一個絕對的詮釋**，就如說：「做人要誠實。」假如你無法按不同的場境或語境作出適當的調節，譬如被一直騙你的情人問你還有多少錢可以借給他時，你本著做人要誠實而坦白告訴他你還藏有哪些財產的話，你便是沒救的大蠢材，只懂守戒，不懂變通，無法從道理中提升智慧。別委屈地自憐，問為何你做人那麼誠實那麼好，上天還要這樣虧待你，它自有公平的時候。

不要抽離語境去理解和實踐任何道理，**不然只會令你脫離事態**，**越想越混亂**，**最後甚麼都不敢認同和相信**。你現在應知道為何那麼多人可能包括你自己，讀過那麼多心靈啟迪和智慧的書，聽過那麼多智慧大師的開示，在困局中還是會陷入混亂，搖擺失向。

○ ○ ○

檢閱自己

調校混亂：檢閱自己

經常檢閱自己的人能在遇到危機和難關時懂得處理，較容易找到清晰的路向改變局面，能放下，不死執，停止混亂。

之前談到為何我們會混亂，現在談如何檢閱自己的混亂，繼而調校。

我們應如何調整混亂呢？如何準備好身體和心理狀態，讓自己不再迷亂呢？

先學習隨時隨地檢閱自己。假如我們沒有原則，容易被外界影響，沒有檢閱自己是對是錯，我們不可能有安全感，也難以整合分裂的自己，發放穩定的、和諧的愛的振頻。

要留意的是，這並不是說我們一定能找到「一個」方法馬上知道對錯。人其實大部份時間都未必能看得清楚，想得清楚，譬如到底明天我是否應入市買股票，要買多少？會升還是跌？要不要冒險？說到底，我們每天都需要為人生作出任何決定時擔當最終的負責人，不能推卸責任，不能轉嫁給誰。哪怕是健康。到底你的健康是誰的責任？我們不能依賴醫生、父母、伴侶等替我們調校健康，我們的健康是自己的責任。別用「翻轉」問題的態度反問：「這不是醫生的責任嗎？我怎能清楚知道如何醫自己，為何會生病？我知道的話我已當了醫生呀！」這個問題是愚蠢的問題嗎？假如你認同你不是醫生，所以健康的責任不在你的話，我只能說，你的一生將會很坎坷，因為你已放棄了你應該知道、應該學習的權利和義務。你不是成熟的人，你懶惰。

經常檢閱自己、調校自己生命的人，即使不能必然地活得比懶惰的人更輕鬆和愉快，也能在遇到危機和難關時懂得處理，較容易找到清晰的路向改變局面，能放下，不死執，停止混亂。

○ ○ ○

自我檢閱三步驟

要檢閱混亂，我們需要三個步驟。

1. 調校甚麼（What）

我們要知道自己的問題是甚麼（What）。

要知道自己的問題在哪，需要先定心，穩定自己。先別多說話，先多聽多看，這是先決條件。不然，其實你甚麼都看不見，然後轉移視線，只看到別人的問題，解決不了自己的問題，因為你連自己的問題在哪裡也看不到。

首先要找到What。是惰性嗎？是沒有安全感嗎？為何你那麼自卑？到底你害怕甚麼？

我在《好好修養愛》的自序裡說過，人一生要問自己三個問題，第一個就是你到底害怕甚麼？這是人類最基本的問題。**你到底害怕甚麼？其實大部份問題都是從這裡出發的**。譬如因為你害怕寂寞和孤獨，所以需要愛情；因為害怕被罵，所以不參加任何活動；因為很怕沒面子，不想輸，永遠要拿第一，所以有強烈的嫉妒心，不能讓別人比你強。

我們要先看到自己最脆弱的一點到底在哪裡，而不是最強點。**最強點通常是掩蓋自己的脆弱**，**所以小狗才叫得那麼大聲**，**大狗通常都是很沉默穩重的**。人也一樣，說話很大聲的人多是沒有腦子亂說的。不過太沉默的人會讓你害怕，因為你不知道他在想甚麼，他是深不見底還是掩蓋自己的脆弱膚淺呢？你要懂得看，找答案。

2. 如何調校（How）

找出自己的問題是甚麼後，我們便要知道如何（How）改善和解決問題。How很重要，你亂了甚麼便要治療甚麼，你要尋找方法去調校自己。

很多人花了很多精力和很長的時間尋求調校自己的方法，結果變成上課狂、看書狂、聽講座狂。學習了很多，感覺很滿足。

可是很多人只停留在滿足的層面。尤其是男人，他們對尋找方法很感興趣，也容易感到滿足，因為他們是大腦主導的動物，即擅用思維。在求知的時候，男人會覺得看一本書便能找到方法處理好問題。於是，當女人說他對她不夠好時，他會以為買一隻戒指或者小禮物給她便已完成「對她好」的任務，因為他以為他已知道處理問題的方法了，即是她其實需要收到禮物感到被愛。可是，女人卻覺得問題還沒有解決，她需要的不只是他所做的。原來他解決問題的方法只是理論和想法，這已足夠製造滿足感，但這方法卻並不一定就是解決問題的出口。

光有想法和意願，並不能帶來真正的改變。你要調校自己的混亂，需要很具體的方法，知道如何去做好，有效果。正如你可能希望世界會變好一點，地球會變得更好一點，但希望好並不代表真的會變好。

又如祈禱。你可以祈禱，但是祈禱以外還需要做甚麼呢？這是我們需要關注的。

譬如有些人研究佛學，由於研究得很深入，也精通了打坐時的呼吸方法，便以為已經在修行了，但這個人真的在修行嗎？有些人是天才科學家，但是在生活層面卻是個低能兒，只懂得跟自己的思想對話，不能跟外界溝通，因為原來跟自己的思想對話能自製一個自我完成的小世界，從中獲得很大的滿足感。

你雖然知道了HOW的方法，但是你沒有用它，或是沒有細心地運用它，這是沒意義的，只是你已經得到滿足感，你以為自己已很愛自己。

你看了一本書，或是見了一個治療師，你以為自己已經很愛自己了，已在主動處理自己的問題了，不過那是表面的假象。不少人其實是借助見過治療師來自我否定的，見完後可以告訴自己：「其實他解決不了我的問題，他根本不明白我。」「所以」「證實」了他們的問題是無法解決的，他們是命定地不幸。潛意識裡，他們有很強的理由或藉口認為自己不能改善問題，會借助尋找方法作為藉口，自辯說：「不是我不想，我已努力過，但是沒有用。」

這正是我們面對怎樣改善自己時通常會犯的毛病：表面上很費神、很努力地希望改善自己，但是背後的力量是虛弱的，動機是假的，只是為了證明自己不能被治療，患的是「絕症」，印證現在的痛苦是必然的、命定的不幸。其實你只想讓自己更痛苦。

3. 何時調校（When）

當我們看到了問題是甚麼（What），需要尋找如何（How）改善問題的方法。不過當心別以為能找到一個方法便可以解決所有問題，這是天大的錯誤。

你有三個問題就需要三個方法，一百個問題就需要一百個方法，不可能一個方法解決所有問題。

更重要是，要知道和落實甚麼時候（When）去調校自己。

你有具體的自療時間表嗎？**別想過了、說過了便以為已做了**。你腦袋分泌的胺多芬會讓你感覺良好，可別被這想法的快感和滿足感停住了行動。

我們必須確立一個非常嚴格的時間表來調校自己。我必須強調**需要嚴格**，**還有就是需要具體**。

舉個例子。你知道了你的問題是貪念，你有老婆A，你隱瞞著她和B交往，其後給B發現了原來你已婚，你被要求必須處理問題，辦法就是你要離婚。你答應B會離婚，跟她在一起。可是三年後你還沒離成婚，你有一萬個理由，正是因為你沒有一個很具體、很嚴格的行動時間表。你只想過願意離婚，但沒有行動逐步完成，你也沒有勇氣去行動和承擔後果，你甚至懶於去完成，覺得太煩了，一動不如一靜。

很多人只是想過了，並沒有落實行動，因為行動意味著自己需要真正的付出和承擔，無法再懶惰了，這是面對自己最艱難的時候。

譬如說減肥。你知道怎樣減肥了，但是何時減呢？你會說，先吃完最後這一頓飯吧，下一頓便開始減。

又譬如買東西。你總說下一次不買了，這是最後一次。

又譬如賭錢。你說下一次會戒，這是最後一次。

結果，每一次都是最後一次。

瞧，你其實一直在拖拉，你根本沒有改善的誠意，你在自欺欺人。

你看到What，知道How，但是沒有When。你沒有時間表，結果甚麼都沒有發生。

你現在知道為甚麼人的混亂、人的毛病是那麼難調校，正因為我們還有一個毛病，就是惰性，因為我們懶惰。

拖延會減退激情，激情沒有了，新的問題又出來，你便有很多藉口先忙別的，等一回再調整自己吧。

我們買了很多書，上了很多課，知道了很多提升自己的方法，可是沒有實踐，沒有落實以行動去改善，更沒有合理的時間表，於是你馬上又回到原點，你不過在花時間和金錢去學習，滿足了愛思考和認知的大腦，卻沒有把學到的實踐出來，沒有真正的走出來，一直在那裡轉圈，一直在浪費時間，辜負了身邊對你抱有期望、予以關愛和支持的人。他說過要改，對方等你改變，可是等了三年、三十年，你還是沒有變，讓對方白等了。

你現在應知道，為何你總是覺得道理是明白的，就是做不到的真相是甚麼了。你沒有行動時間表。

○

○

○

調校自己：訓練仔細

知道要調校甚麼、怎樣調校、何時調校其實不容易，因為我們有太多壞習慣，讓我們停留在思維、行為和情緒的粗疏慣性中，因而看不見，聽不到，亂想亂說話，無法仔細和細心。

要調校和改善自己的混亂，我們需要重新學習仔細地、細心地去1.看（發現）、2.說（表達）、3.問（檢閱）和4.想（思考），改善自己的思維、行為和情緒，更進一步優化和自己及別人的溝通效果，達到和諧和愛的共振。

1. 學懂看

我們知道對方真正需要甚麼嗎？我們能感受對方嗎？抑或我們不過活在記憶裡？

度。

我們總以為自己很細心，也要求別人對自己也要有同等細心的能力和程

我們希望別人對自己細心，但我們往往對自己卻很粗心，沒有看清楚自己，細心留意自己的變化和它的周期。

譬如我會問女人：「你的經期準不準？」她們很多都要想很久，分明沒做記錄，然後含混的回答有時準、有時不準吧。再問上個月經期哪天來，她們也許只能答忘了。再問她們每月到底要供多少保險金，保險含哪種內容，美容療程還有多少次完成，心情不好時需要伴侶具體做些甚麼安慰你等等，她們很多都答不出，或者亂答敷衍我也敷衍她自己。

不過，往往是這種對自己的需要和生活細節並不很清楚的人，特別苛求伴侶或親人隨時隨地應知道他們需要甚麼，理由是夠愛、夠細心的話，他們應該知道。

當你連自己最基本的生活作息和需要都混亂不清時，又怎能要求別人看

穿你，讀懂你的心意呢？

很多人要不是太粗心，便是太貪心，又要別人明白你，又要別人注意你已改變主意了，想要的不一樣了，最好對方懂得讀心術。**我們應該問自己，在要求別人之前，自己又能做到你希望別人能做到的那種力度和程度嗎？你能真的先能做到你所要求的事情嗎？**

原來我們大部份時間都沒有真正去看、去了解、去關心自己和別人真正的需要。我們若只活在飄緲的感覺裡的話，只能維持混亂的思想，和不清不楚的雜亂慾望，苛求別人，包庇自己。

很多人要求別人能對他們讀心體貼，要求對方能讀懂他們的內心，「看」到他們真正所想，不用多說也能知道他們需要甚麼。

男人不懂閱讀女人的心，無法理解或想像一個不能穩定地依理性來思考和判斷的女性腦袋是怎樣運作的。男人以解決問題為溝通目標，以為做一些事，為對方效力就是最具體的愛，因為能具體看到所做的，應該很實在。偏偏，女人的視點跟男人不一樣，那些表面能看到的，都不足以製造女人對被愛和體貼的感受。女人重視的**不是你做了甚麼**，**而是你所做的能帶給她甚麼**「**感覺**」。可這種感覺沒有客觀標準，也會隨時隨心情改變。更重要是，這種感覺連女人自己也不能說清楚到底能怎樣獲得，她們只能回答「總之」就是感到了，或者無法感到。玄得可以。

因此，男人不能掌握女人以感覺為先的特性的話，和她們相處時往往產生挫敗感，無法達到女人所謂「你如果愛我，應該明白我現在需要甚麼」的要求。女人自己也無法說個明白到底是指甚麼，可是她們卻總希望別人代替她把不明不白的搞得明明白白。這種欠溝通理性的要求讓男人受罪了，也把愛殺死。

女人以為自己很細心，所以也要求別人對她也要有同等細心的能力和程度。女人抱怨男人太粗心，但反問她們到底又做過甚麼，如何表達她們所謂的細心時，她們很多時候無法準確回答，多說「我很付出，我很愛他，我很關心他」。女人最大的粗心，是不知道不同時候的對方到底真正需要甚麼。她們要不活在記憶裡，以為對方需要以前某時的所需，便是活在自我中心裡，以自己喜歡的標準來判斷對方的需要。

細心是很具體的。細心是每一天重新看對方和自己，這就是第一章談及「照顧」的「顧」。首先看自己現在的狀態是甚麼、情緒是甚麼，你帶了甚麼情緒和能量給別人。願意和自覺需要自我反省和檢察，才是優質相處的鑰匙。但我們其實很少真正用心看自己、看別人。

曾經在某個演講裡，我讓觀眾閉上眼睛，想著自己最愛的人，問他們，從他的外表到內心，你都能很仔細地看到完整的、當天的那個他嗎？

這是很有趣的實驗，最適合自以為已很了解最愛、最親的人的測試。結果很多人都做不到，腦裡出現的那個他，其實跟十天前、十個月前，甚至十年前的那個他差不多。有點清晰，有點模糊，總之那個昨天的他，好像不及印象中的那個他那麼清晰。

到底哪個才是真正的他、真正的你？

其實我們「看」一個人還是「記得」一個人多一點？

很多伴侶相處多年後，已很少再用心和認真地去看和關注對方了。有人說，相處久了很難再有新鮮感，看膩了，感情也淡了。其實，假如你真的每天去重新看對方一遍，你不會感到膩，反而應感到陌生或驚奇，原來他每天都有些不一樣，每刻可能都有新變化，只是你忽略了，用舊的眼睛看，把他變成慣性收視，沒看一眼便覺得已明白和了解。

我們都沒有看。

看是指用心去看。你有沒有發現他今天特別緊張？或者她今天特別悶氣？兩個人在一起，有時比不見面時更疏離，因為以為見到了，便不再「看」了。我們有留心聆聽對方的說話嗎？是只為公式地說，還是真有話要說要表達，抑或話裡有話，想你聽得「見」呢？

真正懂得聽，是要聽進去，「見」到對方的深層潛台詞，能「觀」音、聽「見」，即是看到對方的底蘊，以這種層次去看和聽，我們便不再流於表面，能更深入了解一個人。

兩個人相處久了，三年、五年、十年了，以為已很熟悉對方，好像閉上眼睛也能知道他要甚麼、在想甚麼，這才是最大的危機。把習慣和記憶等同熟悉，令你離開對方很遙遠，經不起突變的考驗，長期缺乏交流令你們變成熟悉的陌生人。

別貪心希望對方能閱讀你，也別以為自己很細心能閱讀對方。

我們其實比想像中更粗心。

用心去看、去聽對方的不同，才是真正有心有愛、有質量的溝通，而不是只看只聽以為一樣的他、一樣的自己。

細心看是看甚麼？最重要是看對方的需要和感受，同時不忘看到自己的需要和感受。細心看的條件是一，願意先閉嘴；二，細心聆聽；三，用平靜的心態和善願去看，目的是為希望自己和對方好。

一行禪師說得好：「愛的意思，是要彼此看著對方，也要一起看著同一方向。因為當你懂得如何看著對方，發現他內在的美善時，你也就能夠發現自己內在的美善。看著別人，即是看著自己。你將認識到，愛是某種很真實的東西，我們每個人都有同樣的機會去體驗真實的愛。」他說的真實，應該就是136.1赫茲的具體振頻。

看的病態

我們看得很粗心，但我們平常其實花了很多時間和精力在「看」上。在商場看，在網絡上看，在周遭看別人，在不安或無聊時亂看電子訊息等。

這些行為有甚麼問題嗎？這些行為本身並沒有大問題，問題只在你若沒有分配好精力，過份投放能量在這些活動上時，你會很快散失大量的能量，容易感到疲倦、失向、無聊、寂寞等，沒有預留能量給重要的時刻，譬如你要決定一件大事情，處理大問題，經營關係時，你會變得無力、無助，因為已沒多餘的力氣，間接打垮了意志，容易放棄，自怨自艾。

留意自己是否患上看的病態。看的病態可以分兩大類：a.熱衷看別人，b.熱衷甚至迷上被人看。

a. 看人（分析）的病態快感

有些人可能是因為自卑，缺乏自我認同，也可能是因為自大，缺乏謙卑的自省修為，很喜歡通過替別人分析性格或命運，從箇中快感獲取自我肯定的心理補償，或者享受過大師點評癮的慾望。

也有人沉溺於思考和分析別人，對象尤其是地位、身份、學歷、智商、智慧、道行、修養、知名度等比自己高的人，滿足扮演超級心理師的角色，可是分析的角度和目的，不過是通過挖掘、想像或推斷對方的陰暗面，譬如他會評論某大師：「他那麼有愛，那麼慈悲，不過是因為他長期得不到愛的心理補償而已，他的愛本身是負面的，他的整套理論原是建基於自相矛盾上。」藉此餵養自己原已超標的陰暗引力，猜度對方背後鮮為人知、努力隱藏和壓抑的心理病症，為對方斷症，證實原來所謂高人，不過是充滿缺點和弱點的凡人，然後沉溺在自大的快感和失望的缺失中。

也有人希望從中「印證」自己能進入別人的內心深處，有洞悉別人內心真相的「能力」，「發現」別人看不到的秘密和暗格；或者以為眾人皆醉我獨醒，沒有人比自己更能看穿或看透一切，印證自己永恆的孤獨，甚至承受著不能分享的莫大悲傷，合理化自己不治之長期苦痛。當心這是縱容負面思想和心態的危險警號：原來你不是看穿了誰，你只是養活、增生和擴散了自我封閉的病態負能量，把它貼在你看中的對象身上，讓對方變成你自己而已。閱讀別人，不過是反照你自己。

注意你是否也犯了這種熱衷甚至慣性分析別人的病態。這些人通常會有以下的特徵：

1. 愛推斷

喜歡從別人的童年或者過去的歷史，推斷別人不完整的人格，但缺乏嚴謹的實證支持。說白了，世上哪有人格完整的完人？尤其是只利用過去的事例去推斷的話，也無法得到實證，即是說，你怎樣分析也有它的可能性，也可能是對的，但這並不等同你的分析能幫助對方看清楚自己的真實面，你不過在虛構中診斷別人，製造戲劇性的「真相」而已。

2. 假邏輯、矛盾化

喜歡用假邏輯或者把事情矛盾化，混淆事實與想像。譬如建立這種立論：「其實是因為你得不到愛，所以才無奈地接受需要自愛。假如你已有人愛你，你便不會那麼重視自愛。」這是把被愛和自愛的概念對立化、矛盾化，製造不可兩立的假邏輯，誤導自己和別人。

3. 忽略成長、變化

只把事件凝聚在一個特定的時空，固定來分析，忽略了對方曾經歷不同層面的成長和變化，造成不完整的分析。譬如只分析對方童年某段經歷，卻沒融合其他成長時期也很重要的經歷和變化。這種分析非常片面，也不紮實，不可靠。

4. 否定對方的一切

慣性地否定對方的信念、依賴、嘗試、想法、希望、期待、夢想、構想，甚至分析，目的是只要通過否定對方來確定你比他能看透，看的不一樣，對方必須聽你的分析和建議。通常你會借用一些權威性的數據或理論去嚇倒對方，否定對方的一切，然後依你所說的重新建立一個有你影子的自己。

5. 自覺看透，知道別人的秘密和深層矛盾

為自己穿上很玄的氛圍，加添自己的神秘感，讓別人感到你有特異功能，可看穿和知道別人的秘密，也能解開對方長期積聚的深層矛盾。說白了，就是你以高人的姿勢，讓別人感到你能讓他們開悟，發現深層隱藏的自己。

6. 對點評別人上癮

即使別人沒有要求，你也慣性地、隨便地對別人發表分析言論，點評別人，一發不可收拾，停不了口，上癮一樣越評越興奮，忘我地沒注意到別人的感受、承受能力和真正的需要。你不過在發洩或享受上癮的快感和慾望。

7. 捨不得放手，不斷挑逗對方回應

因為上癮，也想壓倒對方，所以運用挑逗的方法挑動對方反抗、反駁、

反辯你，加強分析和點評別人帶來的挑戰性、刺激感和成就感。

8. 理性主導，不近人情

在分析和點評別人的過程中，只集中滿足自己在分析時啟動的理性，容易令你忽略甚至刻意不顧別人的感受，以權威壓抑別人的情感。理性主導的分析不但不夠全面，也容易陷於不近人情，反而令人更反感，或增加對方的負面情緒，感染了你的無情來對待自己。

9. 光是思辨不會帶來真智慧

當你不是真正想幫助對方走出困局時，你不過在炫耀自己的分析能力。光是思辨不會帶來真正的智慧，你只會顯得自己更自私、空洞、無知和膚淺，無助於令對方增加自愛的力量和改善自己的決心。

b. 被看（被分析）的快感

相反，有些人特別迷信和渴求被看和被分析，希望從別人的嘴巴裡印證自己是個怎樣的人、會遇到怎樣的際遇，尋求被指點迷津。這些人，多半有以下特徵：

1. 喜歡占卜

面對迷亂、不安和無助時，你先不靠理性解決問題，卻依賴玄虛的方式如占卜，喜歡聽玄妙和神秘的意見。你其實容易沉溺在迷信中，而且會上癮一樣經常「求診」，要求「覆診」，放棄靠其他更積極和努力的方式解決問題。

2. 喜歡被點評

可能因為自己不夠自信，也太容易被外界影響，所以你特別喜歡依賴高人的點評，以為通過這樣可以更了解所謂「真正」的自己，尤其是所謂自己神秘的、隱藏的「心理」。

3. 喜歡被定型，標籤，診斷

你害怕被孤立，希望能靠近主流，不想被遺忘或忽略，所以你希望通過看相被定型，做心理測驗為自己貼上心理病的標籤，看醫生求得患病的確診，你才感到安心，終於被「證實」自己有甚麼「病」了，遠比不知自己有甚麼病好。原因其實是借助患病，將自己定性為弱者，找藉口要求被治療和照顧。要細看你到底在逃避甚麼，當心自命病弱不過是逃避成長的藉口。

4. 沒主見

你依賴外人替你做主，替你安排下一步要怎麼走，你不過是永遠不想長大的孩子，因為你不想承擔犯錯的責任，沒主見能讓你退到避責的安全島，讓別人替你決定你的人生，即使所犯的再錯，責任的源頭也不在自己。

5. 逃避處理和面對自己

你把自己交給別人來分析，然後依別人的指示去做，並不質疑對方是否人格有問題、功力是否強、分析是否可靠，因為你不想對自己負責任，只想依賴外人替你活，你最害怕面對的不過是你自己。

2. 學懂說

我們都不懂說話，要不說得太多，便是溝通不足，不懂表達。

首先，我們是否說得太多話呢？

我們在說話前，是否有認真和留心地先聆聽別人的話或問題呢？

有些人是這樣的，他們不慣聆聽，只慣說話，急於回應，問非所答。**我們要檢視自己是否仔細、清晰和清醒地當下看，當下聽，聽清楚才回應。在沒有聽清楚、看清楚前別先回應。**

留意自己是否經常反應過快，在別人還沒說完前你便回應。我們要學習耐心細心聽完，想想，調慢一點，不要太快回應，太快讓我們容易犯錯誤，而且也不尊重交流的對方，也增添自己更混亂的機率。

人用得最多的器官可能是口，特別是女人。

女人天生喜歡說很多話，要靠說話表達或發洩自己。你夠細心的話，會發現身邊的女人不能一刻不說話、不活動嘴巴。要不說話，要不吃東西，總之保持口部活動，不能讓它停下來。

嘴巴停下來的女人，關注點馬上由噴話回歸內心，面對自己。啊，腦海一大堆亂七八糟的雜物和垃圾，老是想丟掉，不吐不快，可量實在太多了，無法整理好、收拾好，只好把它們吐出來，心會舒服一點。這也是懶於做家務的人處理過多髒舊衣物的原始方法：丟掉算了。

結果，女人不斷通過噴話，假裝清理內裡的垃圾。假如話已說累了，為填滿空虛不安感，會不自覺上癮般把零食往嘴裡倒下去。越是緊張、有壓力的人，心情不好的時候，越是「感到」肚子餓，總想吃東西，吃了會心安一點，可事後馬上感覺更不安，因為多吃了，怕變胖。前後諸多顧慮的動口行為，讓女人活在惶恐不安的處境中，心浮氣躁。

埋怨、評論、八卦、重複，是是非非，黑白不分，說累了也不願意停下來，感受一刻的寧靜。這種女人，活得比地盤勞工還要累，通過不斷滿足餓感來假裝補足安全感的身心，是時下很多三高症狀的元兇。女人忘了，原來自己不斷製造垃圾，也不斷丟掉垃圾，活在製造和處理垃圾的勞動中，最後連自己是不是也變成垃圾也失去覺知能力了。

口業，是女人其中最大的病。

別以為男人沒有這些問題，喜歡噴話的男人多的是，你看大學裡、鏡頭前表現得洋洋得意，一開口便停不了的男人便明白。其他比較沉默的男人只是不擅用嘴巴而已，假如你能走進他們的腦袋裡，你會看到原來他們一直在腦裡不停地說話，思想是男人最大的嘴巴。

你會發現有些人不能閉嘴。跟他們相處你會很累，因為他們在蠶蝕你的能量。假如你沒有感到被影響的話，那更糟，證明你已被對方感染了、同化了，你已變成了他。這樣交叉感染著傳播垃圾的病毒，也感染整個社會。

我們每天製造太多語言垃圾，假裝在對話，其實在獨白。到底我們為何要浪費時間和精力關注別人，轉發廢話，等待被關注？帶愛的關係，真正的溝通，不能通過廢話來建立。

讓我們細心檢閱自己，問自己，到底我們能沉默多久？讓嘴巴和腦袋休息一會兒？你以為自己可以閉嘴嗎？那為甚麼你離不開微博和臉書這些充滿隨意亂拋說話的網站，為甚麼你那麼熱衷於在網上點評別人的帖子？

注意自己的說話，先聆聽，別多說，別先挑撥興奮的激素作語言戰鬥、評論或判斷。別在網上隨意或快速回應別人，以免因為不經思索而被影響，容易動搖立場。譬如你本來認同某人的立論或行為，可是看了一下其他人的回應，發現原來有人覺得某人其實也有偏激，你馬上便動搖了立場，覺得對啊，他看來也真的有點偏激。再看到有人嘗試擺平，打圓場說其實每個人都有不同的觀點和角度，沒有誰對誰錯。這時你又附和了，你的立場再度改變，覺得正反兩方都各有道理。這時你其實已失去判斷能力、原則和立場，搖擺不定，不能獨立客觀地分析問題，看清是非對錯。網上經常出現這種混淆視聽、似是而非的辯論，你若欠缺原則，便容易介入無謂和幼稚的爭辯中，製造大量垃圾，失去自主判斷力。先安靜地站穩自己，才能看清是非黑白。

注意口業，別散播負能量的壞種子。

不懂説話的第二個問題是溝通不足，欠缺表達和坦白。

我們有不同程度的溝通便秘問題。

溝通暢順的關鍵不靠語言，要靠溝通意願和用心。

舉個例子。我每次回家或回酒店後第一件事做的，便是跟房間打招呼。跟空空的房間問好、關心一下它是否神經病？不，假如你明白這親密的問好，背後其實是讓自己跟環境相處好，心連心地依靠在一起的話，你會知道，這是自我修養的一環。

如果沒有跟你天天依靠的地方親密交流，你怎能睡得好，感到安心無壓力？同樣地，假如你沒有跟最愛的人手牽手，分享溫暖和生命點滴的話，怎能和他相親相愛到白頭？靠在一起拖著手，眼睛對眼睛地交換愛的能量，因為有這種親密的身體接觸，你們便能建立信任的溝通基礎，自能放心地、坦誠地説出心裡感受，不會把話堵在心裡，害怕説出來後對方的反應。假如你已很久沒有拖過愛人的手，沒看過他的眼睛，沒再拖過他，沒有交流過心底話，你們的關係真的沒意思了。當感情變膩了，出現狀況時，你們會經不起考驗，因為你們長久沒有好好的建築一道親密的、感情的橋樑，難關當前才處理已發霉的關係，可能已經太遲。

溝通不是光用講的，而是要每天更新眼睛和調心，是發現和磨合的互動過程，需要一點一滴的準備和經歷，才能維持和保養好愛和關係。我們要檢閱自己是否只活在猜想對方的關係中，不去面對面、親口作交流，只堵在心裡猜度對方所想所感，逃避接觸。表達你自己，説出來便能清理心病，不然你會製造溝通便秘，三天、三個月、三年、三十年，這樣便秘下去，到發生問題時，哪有能力去梳理和解決問題？所有溝通關係也一樣，不只是愛情。

暢順和坦誠的溝通不是一天兩天能完工的事，理解和磨合需要經營和投資，需要時間和耐性、愛心和願力。

3. 學懂問

我們日常的提問，大致可以分成三類：一，問自己提出或關心的問題；二，問別人提出或關心的問題；三，問推敲的問題。

問自己關心的事是好的，能保持理性思維，但要注意是否太過沉溺於思考而忽略了行動。

其他兩種提問的方向，卻容易讓自己不自覺地掉進提問的陷阱，製造混亂。

a. 問別人提出或關心的問題

這通常出現在受外在刺激或導引而條件反射下問的問題。

如聽到別人的提問，你便自動把所想所聽轉化，變成以為是自己的問題，甚至是自己關心的問題。譬如社會上充斥著由傳媒衍生出來，方便炒作話題的媒體造詞如「剩女」、「宅男」、「港男港女」等，你會因為這些用詞的流行而被集體催眠，覺得也應該關心，於是突然感到這些用詞也跟自己有關，不自覺地把它們植入自身，然後問：「那我算是剩女嗎？怎麼辦？」「我是宅男嗎？因為這樣所以我找不到女朋友嗎？」甚至得出結論：「怪不得那麼討厭，原來她是個港女！」

這類問題或立論其實跟你沒有直接的關係，只是你受不住主流話題的影響，你被動地參與了討論和關注，以致你以為這些問題跟你有關，你無形中被導引而加添思緒的雜亂，甚至不安。這種提問和思考方向並不必要，卻容易令人增添亂想，製造多餘的負面情緒和價值觀。

b. 問推敲的問題

人類精密地發展了大腦皮層，擁有會理性思考的功能，而這功能能進化到可以脫離解決問題的目的，變成純粹的思考，自動編製由思想自行衍生、運作和擴大的腦波程式。

暫時科學所知，只有人類才會靠思想創造另一個世界，這有利於發展創造性，造就發明，改善生活，提升愉快指數。但假如你無法從思想、構思甚至幻想中抽離，回歸現實生活的話，可能容易提出不必要的疑問，製造混亂，因為這些疑問的本質是假設或推斷，與事實並不相符。

這些推敲的疑問有一個特性，就是**自製矛盾**，讓自己陷入正負對錯等對立面裡，一不小心便會捲入思辨的遊戲中，由於欠缺外在現實的客觀對應，只在思維裡不斷生產和複製對立面，產生似是而非、真假不分的概念。你若深信了並因而否定了其他實況，你將容易走火入魔，變成思維的奴隸。

我們要學懂分辨哪些是合理推敲的問題、哪些是無中生有的推敲問題，盡快決定是否還要消耗精力再想下去，避免製造不必要的認同或信任。

舉一些例子。

我們很多時候，尤其是在空閒的時候，不去做肢體運動，卻沉醉於思考活動。譬如我們喜歡繞過實際處境，純用邏輯來推論別人的話，然後提出質疑。這種質疑往往不過是在文字裡兜圈，製造辯論所帶來的快感。

比方你帶挑戰的心態去問別人或自己以下問題：

問題1：你說要先自愛才有能力愛別人，但等到懂得自愛才愛別人是否太遲？

問題2：你說能自愛就會滿足，那是否夠自愛就不需要戀愛？

問題3：自愛是不是等於自私，只顧及愛自己？

問題4：粗心不好，但要細心和清醒又會令人好累，這樣做人是否很辛苦？

問題5：為何我們付出那麼多，得不到回報？

問題6：追求靜心雖好，可是人要是真的不會發脾氣，萬事淡然處之，沒了激情，活著還有意思嗎？

細心看這些問題，假如你有中等或以上的智商，應可發現，這些提問的立論點是建基在假邏輯推論上。問題不在概念的先後次序或矛盾裡，對立性的提問是沒意義的，雖然可以訓練思考能力。

請看謬誤在哪：

問題1：自愛是愛別人的條件，但不是時差上的必要條件。兩者是可以並且應是同步進行的，沒有所謂太遲的問題。

問題2：自愛和戀愛是兩種不同層次的滿足，兩者並不互相牴觸。自愛同時可以需要戀愛，愛自己同時也可以需要被愛。就像吃飯可以帶來滿足，但不表示吃飯就不需要吃菜。

問題3：自愛和自私是兩碼子事，前者是為更好地去愛自己而作為，它的質量若是良好的話，不應為自己或別人製造負面影響。自私卻是只顧及自己，不理別人，可以製造負面影響如佔有或剝削。

問題4：假如你因為怕做人辛苦或疲累，以此理由不願意努力優化自己的話，這就是你的選擇，問「是否很辛苦」這問題到底能帶來甚麼建樹呢？粗心的惡果也會令你很辛苦，細心和清醒也可能令你花一點精神和心力，問題不在是否辛苦，而在是否值得。

問題5：誰說付出很多必須得到對等的回報呢？再說，你還沒認真看清楚到底付出的東西是甚麼質量，是否真的對別人好，對事情管用。

問題6：安靜是一種追求中的心態，它不是常態，也不應全盤否定其他情緒出現的可能性。安靜是修養的方向而已，並不是說人得到安靜後便會停留在那裡，不再有其他心態或情緒如激情、脾氣等。

這些問題都是虛浮的問題，犯了邏輯上的謬誤，把一件事情推向以偏蓋全的推論，極端化了問題。

當然，還有一些問題是為批評、挑戰、攻擊別人而取得個人快感的，通常都是刻意找錯處、挑語病，或執著字眼，無限上綱，抽離語境，達到令人難堪、自我得意的效果。這種費神的提問，沒有帶來正氣，也壞心術，製造更大的關係、權力和思想的混亂，實在沒必要在這種角力中浪費生命。

我們要訓練檢閱自己的問題的習慣，**從多角度和角色提出反問和回答**，**找出自己的盲點**，**這是幫助自我了解的方法**。這樣做即使不能提升你的智慧，起碼令你不太容易陷入迷信、盲目和一廂情願的誤點中，徒添混亂。

譬如你沉溺於痛苦時會問：「為何我付出那麼多，卻得不到回報？」

假如你有訓練自己從多角度檢查問題的話，便能幫助自己清晰和脫苦海，你會反問自己：「其實我所做的真是適當嗎？付出的都是他真正需要的嗎？」這時你便要進入細緻和具體，看清楚你所謂的付出到底有甚麼價值，現在的結局是否合情合理。

我們要學習聰明地、細緻地問問題和反問問題，從而檢閱自己，避免混亂。

檢閱的重點不在查看問題是否問得正確或好壞，而在看自己的立場、信念和原則是否容易崩潰，搖擺不定，對自己不清不楚，結果製造混亂的振頻，影響自己和別人。

4. 學懂想

混亂的結果可以是我們看錯、聽錯、說錯、問錯了，也可以是想錯了。

我們經常犯的一種思想謬誤是錯誤立論，**製造道理**，**說服自己和別人相信和認同**，**為的是支持和捍衛自己的意願或慾望**。例如：

凡有緣的愛人才會走在一起，還沒分開，

我們已在一起十多年了，

因此證明：1.我們是還有愛的，2.分開是錯誤的，違反天意。

這是錯誤「三段論」的經典，經常出沒在不想離開或捨不得放下的那一方的腦袋裡。

首先，有緣和不分開並沒有必然關係，即使有，也沒有必然的理由。

在一起十多年並不能「證明」雙方還有多少愛，更多可能是因為其他原因所以沒分開，譬如最常見的是逃避、拖拉、懶惰、貪圖利益等等。因為不想煩，不想面對彼此的問題，不想放棄對方給自己物質或肉體的好處，因為懦弱，因為假慈悲等等，都可以把一段不應持續的虛弱感情關係一拖再拖。表面在一起，其實早已沒有愛，只有責任、親情、習慣，甚至互相折磨、被虐他虐的病態癮，讓兩個人分不開、不忍分，或者不能分。

有些人甚至會有這樣的歪念：「他如果愛我的話，他自會為我變好，正如世界本身會自我調節來順應人類的存活，所以人類不用刻意調校自己來令世界變好，即使浪費地球資源也沒關係的，地球自會調節自己，不用擔心。」守在自私封閉和自我中心的世界裡，你的立論和道理就是一切的價值觀和道德，不管其他人的死活。這可怕不可怕？

你要反問自己，這種立論是否真的成立；沒有足夠的理性或智商檢查自己的思維的話，請向比自己較高智慧和理性客觀的人請教，別逃避面對問題。

我們應注意別墮進文字和思想的遊戲裡，應重視合情合理和節省能源的交流方向。

說到底，要知道和理解問題並不難，最難是能明白問題，看穿問題背後的盲點或心理壓抑，坦然正視和處理，別再糾纏在語言遊戲上，迷失自己，搗亂別人。

○　○　○

總結

檢閱和調校自己的混亂，從學懂看，學懂說，學懂問，學懂想開始，目的是讓我們重新發現自己，知道問題在哪裡，方便針對性地調校和改善，同時也能優化溝通和表達能力，它是一種良性交流，不應淪為自我滿足的思想自瀆。

檢閱和調校自己能令我們更好地和另一個生命互動，學習照顧和關愛他們，讓我們從中學習成長，這是自我修養和尊重生命的方式。通過檢閱和調校自己，我們能同時看清楚對方，也看清楚自己，帶著良好的意願去交流，為彼此的生命帶來新發現、新角度和新態度，互相交換穩定的共振頻，優化彼此的生命，讓大家活得更好。這就是愛。

○ ○ ○

自我管理

愛自己＝管理自己

願意愛自己的人，
也願意學習管理好自己。

在我的網站上有自療頁，裡面有一個提案表格，最後有一個問題是：

「你願意愛你自己嗎？」

我收到的答案是一半説很願意，另一半是説不願意。

找我做自療諮詢的人，表面是很想改善自己，找出問題，尋求解決，可是，待真正知道自救方法時，不少最初卻會猶豫，甚至潛意識裡想逃避，不想改善自己。理由很簡單，因為改善自己、愛自己需要付出努力，承擔責任。

同樣，我們表面上可能很願意去愛別人，可骨子裡卻説不，因為愛需要承擔，你怕承擔不起，你喜歡懶著被愛多一點。吃飯拍拖做愛很容易，但承擔便是煩事，不願意投入和付出。其實我們都在逃避愛。

我們都很懶惰，不想長大，害怕面對自己，希望依賴。你說「我愛你」時，其實潛台詞是：「我想依賴你，我希望你愛我。」我們很多時候抱怨對方為何不這樣那樣對你。這抱怨的潛要求是：「你可以給我甚麼？」但我們在要求對方能給你甚麼前，有沒有先反問自己：「我可以給他甚麼呢？」

原來我們經常希望取受，不願意付出。愛別人的條件是我們須要付出。我們必須擁有才能付出。捫心自問，你到底擁有甚麼？有沒有好東西能掏出來給別人呢？假如你不懂得付出，只是在要求的話，你還是一個沒有長大的小孩。這是悲哀的。

我們要先確保自己能掏出來給別人的都是好東西，對他人真正的好，才有資格要求別人。自己要先能做到，才可以對等要求別人。

成熟的人、願意愛自己的人，會準備好自己，能付出好東西，互相分享。別以為你很貧窮，甚麼都沒有，其實你不是沒有，你只是不懂得管理好你所擁有的東西而已。要麼就是不夠，要麼就是太多，要麼就是爛了，要麼就是丟了。一塌糊塗的你，永遠覺得自己有欠缺，不足夠。看不到自己其實已很富有，也不願意愛自己。

願意愛自己的人，也**願意學習管理好自己**。

在檢閱和調校自己的過程中學懂看，學懂說，學懂問，學懂想後，我們重新發現了自己，知道問題在哪裡，然後便需要針對性地調校和改善。調校自己的具體方法，就是學習管理自己。

○ ○ ○

自愛的三大條件

自愛很具體，由重組生活開始，從重視和做好最微細的事情如生活作息開始。

自愛有三大條件，也是自我管理的三大範圍：1.管理作息，2.管理能量，3.管理情緒。

1. 管理作息

這是管理生活的層面。

我們都忘了管理生活作息，甚至有點瞧不起它。稍為「正常」的現代人都會覺得聰明醒目最重要，賺錢最重要，管理大便是小事，並不很重要。假如有人因為擔心便秘影響身體，特意請三天假處理大便問題，相信大部份同事甚至家人都會覺得他「不正常」，小題大造。

可是，沒有健全的、運作順暢的身體，你的腦袋、思想和心態也不可能健康，發出的振頻也會帶著不穩定和緊張，令自己和別人感到不舒服，也難有甚麼大成就。作息生活直接塑造你成為一個怎樣的人，你的衣食住行每天直接影響著你，改變著你。所謂照顧自己，修養自己，必須從最基本的生活作息開始調校。

我們需要踏踏實實地管理好生活上的每項細節。尤其是健康方面。沒有良好的身體、穩定的健康，沒有能力去愛。因為愛是需要付出很多力氣和心思的，需要投放很大的身體資源。注意自己的飲食、睡眠、大小便是最基本的。學習聆聽身體正在告訴你甚麼。身體哪裡不舒服，需要甚麼，其實它很早便發信號給你，讓你知道你累了、病了、痛了、乏力了。你要關心自己，回應自己的身體，這是自愛的第一步，也是最基本的一步。調整好生活，你才能預留更多時間、體力和心神去處理其他事情和關係，譬如學習、家務、財政、工作、感情等等。愛不只是在靈性的層面，它更多是在日常生活中體現。

從生活作息開始學習照顧好自己，必須從最細微的基本生活上調校，譬如，從喝好一杯水開始。

喝好一杯水

喝好一杯水是靜心的方法，
你將注意力集中在一杯水上，
把分散的心回歸一點的專注上，
養生便不只是杯裡的水，而是你的心。

別小看一杯水。

日本科學家江本勝著名的發現，關於「水知道答案」的奧秘，讓我們對水有了靈性的啟示。水能看，水能聽。水有它的靈性。假如水分子像一堆泥一樣混濁，放一個「愛」字在旁邊，水神奇地看到了，分子變得晶瑩漂亮。僧侶在受污染的水源旁邊發善願唱頌祈禱一小時後，水聽到了，分子形成美麗的雪花結晶狀。

人體百分之七十都是水，人體的水也能看，也能聽。我們讓它看甚麼，聽甚麼，便能調校它，改變自己。照顧自己和養生的基礎，其實就是要調理好自己和水的和諧性。

愛自己是很具體和細緻的，我們知道到底身體哪裡需要水嗎？哪裡是處理水的呢？

誰說每人每天最少要喝八杯水呢？對，是某些西方醫學權威告訴你的，可是，這真的適合你嗎？有女生每天喝大量的水，以為這叫「排毒」，要把積聚在身體內的垃圾排出來，甚至可能是因為受化妝品廣告影響，告訴她皮膚乾燥需要補濕，所以便瘋狂喝水。理論是這樣說的，她便瘋狂地照著做，每天不停地飲水起碼三公升或以上。結果呢？她出現嚴重水腫問題，她還以為是肥胖，老是抱怨上天對她不公平，人家狂吃東西也不胖，她不過是喝水也會胖起來。

原來她沒有聆聽自己的身體需要，也沒有每天重新看自己，觀察自己的變化，也根本不清楚原來自己遺傳了先天性家族腎臟虛弱的症狀。她一心以為愛自己便排毒吧，愛漂亮便補濕吧，卻沒做到先仔細了解自己的身體狀態，才針對性地解決問題。每天喝八杯水是一個平均統計值，也是以西方人甚至可能是以男性標準來訂立的。它並不適合腎功能不好的人，應要按情況作適當的調校。

我們太愛數據了，說八杯水好便喝八杯，甚至更多，卻不知其實你在令腎臟加班工作，勞損它的功能。多餘的水不能迅速地被排走，積聚了便成水腫，嚴重的甚至會中水毒。譬如運動員在運動期間若為解渴而大量喝水的話，很可能會中水毒。

留意以下的自我檢閱問題，有助你學習喝好一杯水：

1. 你有注意自己何時（when）喝水嗎？

早上起床後有喝嗎？然後何時再喝？一天哪些時候喝？很口渴才喝還是定期喝？和別人談話開會時有喝嗎？工作時會太過費神或怕上廁所而經常忘記或故意不喝水嗎？餐前喝？餐後喝？臨睡前有喝嗎？半小時前？一小時前？

2. 喝甚麼（what）？

蒸溜水、合成礦泉水、天然礦泉水、水龍頭的水、咖啡、紅茶、綠茶、豆漿、牛奶、蜂蜜水……？有放加工糖、蜂蜜、奶精嗎？

3. 你知道你每次到底喝了多少（how much）水嗎？

有注意到杯的大小、飲料的份量嗎？

4. 飲料的溫度是甚麼？

熱的？室溫的？冰凍的？餐後喝的是冰的還是熱的飲料？

5. 如何喝（how）？

有沒有注意到水的樣子？杯的溫度？唇碰到杯邊的感覺？慢慢喝還是大口大口喝？喝下去後水經過食道，跑進胃裡的感覺是否舒服？肚子會脹？胃有沒有不適？感到幸福嗎？

聽過一個道家的師傅教人如何喝水，他說喝水應該分三口，然後就要停頓，歇一下再來第二輪三口，這是養生的喝法。這喝水的方法可以作為參考，喝水時應讓自己安靜下來，不慌不忙，別大口大口的把水倒下去，記住你並不是垃圾筒，這樣不僅傷身體，而且會讓你變得越來越粗心。

喝好一杯水是靜心的方法，你**將注意力集中在一杯水上**，**把分散的心回歸一點的專注上**，**養生便不只是杯裡的水**，**而是你的心**。

喝好一杯水，細膩地打開五官去感受這杯水的裡裡外外，訓練細心，尊重一杯水，讓這杯不一樣的水滋潤你的身體，對它說聲謝謝。這杯水，能帶給你無價的、不平凡的幸福。

有人說：「我每天早上不喝一杯冰咖啡，整天便無法提起精神工作。我覺得選擇自己喜歡的飲料和食物，也是一種自愛。」他搞錯了，以為喝自己喜歡的飲料，覺得只要吃得開心便是對自己好，甚至覺得很愛自己。其實他不過是縱容了慣性的喜好，令喜好變成依賴，好像不能失去一樣，就像很多人以為的所謂「愛情」一樣，失去愛情後便沒有了生命，沒了勁。但這不過是慣性依賴的結果，身體並非真正需要它。

喜歡和愛的分別就在此。**喜歡可以不計後果**，**不管**是否**對自己帶來客觀**

的好處，只追求快感或依賴，懶於改變，助長沉溺。愛不壓抑主觀偏好但可超越它，以優化生命為原則，願意調校自己，目的是獲得改善的效果，希望活得更好，令自己和別人受惠。

吃好一頓飯

> 你吃的是垃圾，
> 你便變成垃圾。

西方有句精彩的諺語：You are what you eat.（你吃甚麼，你就成為甚麼。）

你現在的身體和情緒狀態，一部份是外在因素構成，可另一關鍵部份是你日常飲食習慣累積的結果。

大部份人都忽略了這點：自愛的第一步，必須從愛護生命最基本的身體開始，而不是養育思想。愛護身體其中重要的一環，正是關注飲食。我們都吃得太隨便和麻木了，被過多人工改造和調味主導的飲食習慣控制了，失去返璞歸真、欣賞和享受天然食物原始鮮味的能力。

你每天吃下的食物有多少是你不需要的垃圾？你吃的是垃圾，你便變成垃圾。有人自覺吃得很少，為何還是肥胖？原因很簡單，因為食物進入你身體後不能轉化成營養，結果變成垃圾。為何會這樣？因為你沒有尊重自己，不願意調理自己，也沒有尊重食物。

你放了甚麼進肚子裡，能影響你的身心狀態，改變你的體質和心理素質。

到底你選擇吃甚麼，何時吃，怎樣吃才算是照顧好自己，真的是對健康好呢？

坊間很多健康食療，大多沒有好與不好，只有合適與不合適。你可以挑選對你個人體質有幫助的食療，親自嘗試，用心記錄吃後的身體反應，慢慢摸索適合你體質的食物、做法和份量。食物不只是味道，它有它的特性和功能，和你的身體交流，轉化能量，變成有用或有害的物質。你要注意它，用親身經驗去品嘗和實驗，**別盲目迷信營養學、醫學或專業報告，應信任自己的身體反應而不是盲目聽從別人的「成功」個案分享**，這樣你才能真正找到最適合你體質和身體需要的飲食。

至於很多人關心的減肥失敗問題，原因大多是用錯了方法。怕肥胖而節食或服減肥藥是最笨的減肥方式，而且副作用可以很嚴重。**食物不是你的敵人，它是你的朋友和恩人**，**你的肥胖是心理不平衡和慾望管理失調的結果**。肥胖其實是你沒「吃」過，你只是把一盤一盤的食物往口裡傾「倒」，場景就像在堆填區勞動的垃圾車那樣。真正懂得吃、尊重吃的人不可能因為亂吃狂吃而肥胖，他們欣賞、尊重、珍惜和愛食物，愛土地，愛地球，自然會慢煮、慢吃，品嘗每一口，得到滿足，食物也會滋潤他們。得到滿足是終止食慾的指標，只有往死裡吃的人沒有給腦袋已飽足的訊號，所以才失控地吃。

倒進胃裡的食物不算吃過，卻製造消化不良，浪費食物，剝削地球資源。尊重地去吃很難肥胖，只會精神爽利和健康。

進食時我們都忘記尊重食物。我們知道要尊重別人，尊重自己，甚至尊重動物，尊重生命，但食物不正是最重要的生命支柱嗎？偏偏我們善於忘記尊重食物。食物是神聖的，要經過很漫長的過程，才能變成放在眼前的食物，提供存活的能量。吃東西時最高的修行方式，便是尊重食物，吃好它，感恩，別浪費，沒有比這更大更首要的飲食修養。

看一個人的食相，**便能看到他的人品和道行**，**騙不了人**。常看到某些信徒陪著高不可攀的宗教上師吃飯，上師大吃大喝，吃剩很多菜，高談闊論，嬉皮笑臉，享受信徒的崇拜。一副大款的姿勢，謙虛的食物比他更值得我們信仰。

慢慢吃，欣賞地吃，不濫吃，不多貪，懷著互相尊重和欣賞的心吃好每一頓飯。和別人一起吃時可以交談，但先以尊重食物和吃為主。尊重食物就是對地球對生命的愛。和食物交心，好好享受和食物在一起的幸福時刻，讓食物和自己二合為一，交換愛和生命的力量。

注意以下關於吃好的參考方式：

1. 別只跟從別人的經驗或分享

它們都可以是寶貴的經驗，但你的身體跟他們不一樣，類似的體質或病例也可有不同的需要和處理方式。**別只跟隨理論和想法，盲目隨風吃肉或吃素。重要是怎樣吃，吃多少，吃後注意身體反應和心理狀況。**這些都是吃的學問。

2. 別只按營養餐單吃

你將失去吃的樂趣，也讓自己活在害怕吃多和亂吃的恐懼中。

3. 別吃過量或縱慾

少吃多餐，可以活久一點，享受多一點。若你吃得心理不平衡，你只會活在吃的內疚中，不如不吃。

4. 情緒不好時別多吃

反正負面情緒能把營養變成毒，不如讓身體休息和排毒。

5. 運動前後也不宜吃過飽

6. 適當和定期的斷食

能有助修養身體和排毒，但注意別過份、迷信或上癮。

7. 睡前起碼兩小時別吃東西

這是讓身體完成消化程序然後好好休息，不然會影響睡眠質量。

8. 尊重地去吃

吃飯前，請把手頭上的東西和工作放下，純粹地、尊重地去吃好一頓飯。端正地坐好，打開五官去感受面前的飯菜，細看它們的顏色、形狀，細聞它的味道，感覺飯碗和菜盤的溫度，品味每口飯菜的溫度、味道，慢吃，慢嚼，盡量不說多餘的話，別邊吃邊談工作、開會、讀報或看書。尊重食物是你把關注力全放在食物上而非其他地方。

9. 別浪費食物

吃不完的不多點，不多煮。把必要的剩食放好，把剩食和廚餘分類回收。

10. 馬上清理

養成馬上洗碗和清潔飯桌的習慣，別堆積應做的工作，有始有終。

11. 盡量抽時間和家人吃飯

這是人生最大的幸福。多留時間在家煮吃，吃親手做的菜，和家人一起吃。

12. 別忘了享受食物和感恩

說好一句話

懷著一言一語都是播種的心態，
你會為需要承擔的果報而慎言。

我們可能都「說」得太多了，卻沒說好一句話。

也別以為你不擅長、不願意、不喜歡說話便沒有說多了。沒說出口並不代表你安靜、沒廢話、沒亂想。說出口的，留在腦裡想的，都是一種語言方式。

人是能運用語言的動物，語言是用來溝通的，用多了，亂用了，濫用了，便會製造混亂和噪音，干擾自己和別人的寧靜空間，或者多添了垃圾思想，誤導別人。

說話，要慎言。

信佛的朋友給我一段嘉旺竹巴法王的文字，補充我曾寫過關於口業的精粹。我雖然不是佛教徒，也沒研究佛學，但這段文字有意思，想跟大家分享：

「話說太多不是好事。若無法控制嘴巴，就很難馴服自心。要注意所說的話包括網路郵件、電話短訊等。要遠離四種惡語：妄語（說謊、顛倒是非）、兩舌（挑撥離間）、惡口（粗口惡言）、綺語（花言巧語）。若要說話，請說有益的話，若你有足夠的理解，可以分享聖者們的教學。否則，應保持沉默。」

別太輕易和不負責任地在方便的溝通科技網絡上發表惡言和流言等「妄語」，我們要對自己的言行負責任。

挑撥離間、說別人壞話、傳遞負面訊息的人，到底是甚麼心理呢？原來當你說別人壞話時，能同時挑起你層壓在你內心的負面經歷和記憶，這股負能量的引力強大，也是你最希望能發洩或釋放的內在垃圾。可是，當你欠缺正確和正氣的方法把壓抑的負能量釋放出來，一旦受到外在的負能量刺激，像引起共鳴一樣，你居然有「回家」的感覺，喜歡重播壞話，以為說一遍便能發洩一遍。於是，講壞話、分享負面消息，變相是進行一次假治療，可後果卻是換來更強化的負能量，還藉此傳染給更多人。

說有益的話是一種鍛鍊，即使你還沒有這份修養，也可以修，可以煉。懷著一言一語都是播種的心態，你會為需要承擔的果報而慎言。

保持沉默是一種修養。人有說話的功能，但並不代表應該濫用。有些人不說話便像難以呼吸一樣，需要更大的修養和自我調校。

保持適當的安靜是重要的，安靜是為了重組能量。安靜、沉默能讓人回神，回歸自己，保存能量，不會因為回應別人而耗損自己。保持沉默不只能減低增加負能量的機會，也有助停止負能量不斷擴散的危機。樂得清靜，是你我可以一起攜手共創的願境。

別說多餘的話，能沉默才能建立默契，而默契是更深層次的溝通和釋放，不再讓我們糾纏在因為語言的詮釋誤差而發生的矛盾關係中，破壞情緒。明知跟別人吵架不能解決問題，那我們可以先用沉默來應對嗎？當你沉得住氣，對方已失去挑動滿足感胺多芬分泌的源頭，跟一個沉默的人吵架是最不過癮的。你要繼續吵下去抑或停止彼此傷害，在乎你是否捨得放棄追求過癮的慾望，是否看穿其實自己不過是被衝動帶來的好勝感控制了。

真正的溝通不一定需要非說話不可，最好的一種相處方式，就是靠在一起不用說也明白，感覺舒服，擁有安全感。這需要靠一種信任對方的力量，這是源於自己內在強大和穩定的振頻。很多人都沒有這種力量，不斷地假裝跟別人溝通，建立和鞏固一種虛弱的關係和感覺，然後通過不斷的發問或干預別人的私隱來維持關係的持續性。譬如女人很喜歡聽到「我愛你」這句話，每天最少要聽對方說三次，像有病需要吃藥一樣。是不是開玩笑？的確是開玩笑，所以大部份的戀愛只是一場玩笑、一場遊戲而已，那是虛假的。如果我們非要通過每天說和聽三次「我愛你」才能確立愛的話，這種愛很快會被摧毀。

沉默是一種力量，它能讓默契發生，能最省能量但帶來最高效、最優質的交流和共振感。這是其中一種最好的相處方式，為相處帶來和平和體諒。

睡好一覺

先和失眠做朋友，和它修好關係，它感到被尊重了，被照顧了，便不會再纏繞，自會離開。

治療失眠最關鍵的不是方法，而是心態。

這說法可能很多人沒注意過。一般處理失眠問題的方法，不是用藥，便是用不同的方法教你放鬆，讓睡眠得到優化的前奏，希望能速成入睡。可是這些方法往往不能達到理想的效果，因為，無法入睡的關鍵原來是我們對失眠抱持了敵對或抗拒的心態，覺得必須找辦法打敗它，驅趕它，視它為大敵，它一來你便緊張、皺眉，心急想趕快驅走失眠，為放鬆徒添壓力，所以事倍功半。這就是問題所在。

大部份人的失眠是因為緊張、敵對、能量處於負面狀態。你和失眠的關係一旦被定位成為負面狀態，便很難互相協作，你越想失眠離開你，它越覺得被抗拒，越想黏住你，其實黏著的背後力量，正是你不願意放過它，它也不放過你的結果。

我們可以換一種方式處理失眠。

希望疾病、痛苦、煩惱離開自己，最好的方法其實是首先接受它們，甚至歡迎它們的存在，因為它們既然是出自你自己，也就是屬於你的一部份。先不要排斥，給潛意識留下陰影，結果關係搞不好，製造更大的緊張和矛盾。

不妨先和失眠做朋友，接受它是你的一部份，不用多問原因，完全的接受它，別製造負面的暗示，如「再失眠下去我就死定了、我希望失眠快走、我不想再有失眠了……」之類。我們的目的可以是讓失眠遠離自己，但心態要平和、溫柔，給自己心理暗示：**失眠是被我孤立了的朋友，我要先和它修好關係，它感到被尊重了、被照顧了，便不會再纏擾，自會離開**。就像小孩感到被關懷了，滿足了，他自會聽你話，不然，你越是罵他，他越和你作對。

心態接受了失眠，不再抗拒，身體馬上會起變化，可以真正的準備放鬆，不再緊張了。

睡前注意以下的細節，可以大大提升入睡率和睡眠質素：

1. 最少兩小時前不吃東西，別喝太多水。
2. 最少兩小時前別跟家人、朋友、同事等講電話，避免激活思維和情緒，因它們難在短時間內回復平靜的生理機能。
3. 避免看緊張刺激的影像。
4. 做最少十分鐘溫柔的拉筋或柔軟體操，讓身體準備好放鬆。
5. 盡量把房間調至零光源，以免刺激腦細胞，給予錯誤訊息讓腦袋以為你還在工作，不懂得「關機」，以致難以徹底休息。

6. 可播放舒服的純音樂，敲聽靜心銅磬，或用優質的純精油香薰伴隨入睡。

7. 可以邊看輕鬆的電視或播放輕柔的音樂，邊泡腳或泡浴，完後入睡。

8. 別忘了調整情緒。晚上是容易陷入抑鬱和負面情緒的時候，情緒不好時，難以入睡。晚上不要刻意靜放悲情歌，應盡量避免看悲情劇，臨睡前注意別接觸會加深負面情緒或勾起負面記憶的事物，如寫負面內容的日記、聽曾經和舊愛一起聽過的歌、看過的電影等。保持情緒中性或輕快，自能容易入睡。

放生大小便

每個人每天最少排一次便，不能少於一次，別管誰說多少天排一次也算正常。

大部份來找我諮詢的人幾乎都有一個生理性共通病：便秘。這並不是湊巧的。大部份情緒受嚴重困擾的人，原來都有便秘病徵。也可以這樣說，便秘讓他們感到不舒服，長期在生理隱憂中，導致或加劇不安情緒。

沒有大便的那天或那幾天，你會感到身心不舒服，無法從容地工作和幹活，總是覺得有事情未解決，坐立不安。若那天能有大便，完事後你會馬上感到像卸下重擔一樣的爽，久違的笑容會出現，會放鬆地吃想吃的食物，活著忽然充滿了樂趣，你感到還有很多空間可以做更多想做的事情。

緊張、壓力、忙碌、奔波、悲傷等都會影響排泄功能。希望盡快得到通便效果，須要從飲食入手，因為靠放鬆自己來通便較困難，心結未解開，很難鬆弛。飲食習慣則較容易改變，沒有做不到的理由，成功與否，關鍵只在願意或不願意上。

每個人每天最少排便一次，不能少於一次，更好的甚至是兩次，別管誰說多少天排一次也算正常。大便是多餘的廢物，是排毒的自然功能，積在體內的殘餘食物逾半天會變成垃圾即毒素。像你要天天清理垃圾筒一樣，幾天丟一次垃圾臭味已讓你受不了。你的腸臟也一樣，要天天清理。

要改善便秘問題，必須先願意和實行改善飲食習慣。排便有時間性，按《黃帝內經》的說法，凌晨五點到七點是行走大腸經，這是最理想的排便時間。現代人生活節奏已和古時不一樣，較理想和方便的排便時間是早上起床後至中午前這段時間，應習慣早上起床後排便，排走廢物清理身體。

過了這段時間，要排便便會更困難，因為生理上和精神上已處於壓力狀態，要處理很多事情，忘了放鬆，而且進食後腸臟會累，不易費力排便。這點要多注意。

試多吃通便食物，譬如番薯，每天早上起床吃兩三個蒸熟的小番薯，連皮吃。你會發現較容易感到需要排便。早上不想吃東西的話，可以空腹飲暖的蘋果醋加蜂蜜，或者溫水黑糖蜜（blackstrap molasses）（西式超市或健康食品店有售），或者室溫的西梅汁。平時沒喝咖啡習慣的人，便秘的話可試空腹飲一杯黑咖啡（不放糖或奶）。這些都是最容易蠕動腸臟的飲料，很多便秘的客人試過都能在短期內產生不同程度的排便效果。當然，關鍵是喝完後要走動，不要呆坐家中等待。另外，廣東菜心的排便功能比其他蔬菜好，宜多選吃。

吃容易上火的食物，臨睡前進食，吃太多麵包、乳製品及甜品，不吃高纖蔬菜，加上精神壓力大，不做運動，都是便秘的元兇。吃得清淡，多做運動，給自己心理暗示今天能排便，便秘問題便較易化解。

還有大便的姿勢也很關鍵。

35度角的蹲姿是最符合人體設計的自然排便姿勢，直到現代馬桶的流行後，這良好姿勢才被取代，也間接帶來種種現代病如痔瘡、便秘、大腸炎、盲腸炎和結腸癌等。蹲姿排便的道理很簡單，原來大腸長約6英呎（即約1.8米），糞便在被排出前堆積在大腸裡，最後從直腸排出體外。以坐姿排便的話，它的肌肉只是部份放鬆，以蹲姿排便的話，肌肉才完全放鬆，這樣排便會更輕鬆和徹底。坐在馬桶大便時，雙腳踏在一張小矮櫈上，便能達到較好的排便角度。

2. 管理能量

管理能量的重點，是把散失的、錯用的、虛耗的能量重新集中，回歸自己，令自己真正富有起來。

這是管理身體的層面。

愛的條件是先愛自己。愛自己的條件是先認識自己。

認識自己必須通過發現自己隱藏和已顯現的特質。這包括如何照顧好自己，認識自己的身體和體質，發現自己的心理狀態，看到自己的情緒表現。這是自我成長的過程。

管理能量，是保證自己能有氣力和精神活好和做好事情。這是重要的，假如你很累，常常沒精力，你怎能做好一件事情，更莫説愛好誰。

當你內在混亂，你散發的是混亂的能量，你即使沒做過甚麼事，沒開口講過一句話，站在你旁邊的人也會很累，甚至會受罪。因為你散發出來的是不穩定、混亂的振頻，能負面地影響別人。

你有力氣回應生活中的各種事情嗎？你有活力嗎？有精力嗎？

沒有精力的人別說「我愛你」。**愛需要具體的能量，能量就是精力和氣力，你有力氣去愛自己和愛別人嗎？**

管理能量的重點，是把散失的、錯用的、虛耗的能量重新集中，回歸自己，令自己真正富有起來。

你是甚麼？你其實就是一股能量。**你能運作多少能量，你便有多少力量，你能做甚麼，能成就、承擔甚麼，取決於你的智慧和能力，但更重要是你必須擁有足夠的能量去行動。光是思想不能改變世界，也不能調校自己，更不能改善生活。**

自愛是行動，不是空談空想。**行動需要的是勇氣和力氣。**保持自己備有足夠的力氣，你才能進步，把事情做好，把關係經營好，愛好自己和別人。

我們需要很多精力和時間整理自己，處理因為混亂、貪念和懶惰而衍生出來的問題。人需要管理好自己的精力，**別讓自己那麼累**。

要注意別流失能量，要量力而為，別勉強、一廂情願或盲目付出。每個人的能力都有限，別付出多於你能承擔的，否則你不是愛自己，也不是愛別人，卻是害死你自己。

管理能量最重要的方法，**就是安排自己的休息時間**。有些人奴性很強，常常忘記自己已過份消耗體力，在工作或玩樂中忘記照顧自己，勞損細胞，結果嚴重損害身體健康。學習放下工作，停下來，休息一會，才是愛自己的養生習慣。**沒必要虛耗自己**，**當心這不過是在逃避或害怕面對自身某些困局而轉移視線的病態**。譬如有些人忘形於工作，其實是在逃避回家面對關係複雜、感情不再的伴侶和家人。

從清理到打開

看到卡住的位置，著手從那點開始處理，

解開第一關，然後一關一關的深入，

這是自療的奇妙旅程。

要保持正能量，首先要保持健康的身體。那如何才能調好自己的身體呢？

自療的核心是在身體、心理和心靈的層面解開心結，清理垃圾，修補傷口，療癒病痛，提升免疫力和自癒能力。我們容易幻想或懷疑自己隱藏了很多心理問題，以為這些問題「導致」目前的性格失衡、不良際遇和身體疾病。我們容易迷信心病要先用心藥醫，迷信要找心理師替自己閱讀和判症，把自己交給別人，甚至追求神秘的、超越理性解釋的方法來治理無法理解或逃避的病症。越是複雜、玄妙、神秘的偏方我們越感興趣，幻想那就是問題的根源。可是，我們往往忘記了身體。

我們需要先從調整身體出發。

很多人身體不好卻不管，結果越來越差。你有適當地照顧自己最基本的起居作息和飲食嗎？你知道自己的體質，了解身體真正的需要嗎？

我們需要學習了解自己的體質。很多人不懂得照顧自己，不了解自己的身體，甚至可以說，對自己的身體反應相當無知。

譬如，有些女人從不知道經血的流失會讓身體流失鐵質，不懂得在經期後飲用大棗湯補血。也有些女人從不留意經期前會出現莫名的痛症如頭痛、背痛、腰骨痛、腹痛、乳房脹痛等，可能甚至會容易醞釀感冒、鬱結、悶氣等。經期一過，這些痛症又會離奇地突然消失或者大大減弱。經前情緒飄忽，突然傷心，無故想死，時時想罵人，卻不知原來不過是荷爾蒙影響的結果，還誤以為自己真的很不幸，遇上的都是傷心事。

也有人連自己是否有便秘都不清楚，是否屬於失眠也不能確定。即使知道有問題，也沒有即時處理和調校，總覺得這些事，人人都有，不是最重要最需要處理的事，總覺得還有更重要的問題排在第一位，需要先解決，先費心神甚至生命去爭取得到或擁有，譬如愛情、婚姻、財富、名譽和面子等。結果，失眠問題拖了十年，頭痛問題不管了十年。十年都沒立心去調校和改善的話，你真的覺得還有下一個十年嗎？

連最基本的生存條件如作息吃喝也忽略甚至瞧不起的話，**你能為自己**、**別人和世界貢獻甚麼更好的東西**呢？你能有甚麼優質的大作為呢？即使有，又能維持多久呢？能確保其延續性嗎？

當我們認真地正視和細看自己的身體時，才會發現原來我們對他多麼陌生。當我們一步一步仔細地耐心地進行自療，逐一清理長久的壓抑、積藏在內心和身體的垃圾時，我們會驚訝原來已忽略了自己那麼久，一生只為外在的成敗得失賣命、玩命和奔命，卻沒有好好愛過、尊重過、善待過自己，讓他受罪了那麼多年，還差點讓他送命，應感到羞愧。

靜思下來，我們到底有沒有好好的活過？一生奔波，死去活來的去愛，去付出，去爭取，試想想到底消耗了多少無辜的時光、體力和地球能源？討好誰，憎恨誰，到頭來，我們最對不起的、最虧欠的不是誰，而是自己。

認真回歸自己、重整自己的人，在自療的過程中，能把久壓的心結、病痛、壓力、噩夢、遺憾、不甘、自卑、憤怒等一一的打開，丟出來。這時，多年前遺忘的病和痛症或會突然重現。譬如二十年前某次嚴重咳嗽又突然重現，十四年前的磨人腰痛再度出現，十八年前剖腹生孩子時留下的傷口當時沒好好處理，現在再度發炎等等。

這些舊病患的再訪，是給你多一次機會正面面對、處理和善後。就像舊情人再度出現，叫你重新面對還沒妥善處理的關係一樣。能勇敢再痛一次，正視問題，毅然處理，然後你便真正痊癒了。

要打開自己的盲點和關卡，才能通情達理，自愛和他愛。要做到這點，需要修養、修身。自愛的第一步是從身體出發，從最恒常和細微的作息生活點滴開始，不能妄想從想通了、明白道理後便能達到。

所謂從身體開始打開自己，這不能光靠讀書或聽課得來，必須從實實在在的身體體驗得到。

要感受打開身體，首先要知道身體哪裡卡住了、閉塞了。

身體不是理論，最具體不過。肩頸痛、背脊痛、盤股痛，或者腹脹、腿脹、手指酸痛、手臂麻痛等，這就夠具體了，你馬上知道身體哪裡閉塞不通了。看到卡住的位置，著手從那點開始處理，解開第一關，然後一關一關的深入，這是自療的奇妙旅程。

修養是自療的過程，是把自己需要療癒的病態和壞習慣調校好、管理好的過程。要學習養成詳細記錄身體病徵的習慣，譬如經期、頭痛、發炎、腰痛、胃痛、便秘、失眠等。當你有詳細的記錄檔案，你能讓自己和治療師看到問題的周期，有助找出準確的病因和治理的方法。

譬如原來每次頭痛都是在辦公室，一走到户外頭痛便會減輕和消失，這可能證明辦公室缺氧，或者是你心理影響，你其實很不願意在那辦公室工作。又譬如原來每次胃痛都是在早上回到辦公室後，尤其是在趕車後，或者是在早上喝完豆漿後，這可能就是情緒緊張誘發的胃痛，和豆漿太寒涼並不適合你的體質引起。別只根據所謂豆漿是健康飲料這種説法而盲目和應和信任，要帶著細心察看和聆聽身體的真實反應，才是真正對自己好、愛自己的方法。

我們有責任記錄和了解自己的身體周期和反應，沒有任何人比我們更清楚。**別只追求心理式的自我了解，對自己的身體無知，比對事情無知的影響更大，因為你連自己是誰、活成怎樣也不清楚，混亂不堪的話，你也不可能帶著清晰的心和腦去認知和了解別人和這個世界。**

記錄身體，了解病徵後，我們便可把身體的盲點逐一清理，把卡住的地方逐一打開，一步一步來。

修養是心性的修心和身體的修身，兩者都有具體的打開方法。心胸打開了，你會體驗喜悅和平靜。身體打開了，你會體驗輕鬆和通順，手腳不再沉重，筋骨變得柔韌，腸胃不再糾結，眼睛會發亮，微笑取代皺眉。這時候的你，才首次醒悟甚麼是真正的「打開」。你自由了。

自療從來是最大的愛。自療的目的是由正視身體開步，逐一打開積聚多年的結，從變得複雜的自己回歸簡單。

3. 管理情緒

這是管理心理的層面。

除了要養成記錄身體病徵的習慣外，我們也要細心注意情緒細節和周期，把它一一記錄。譬如你要學習察看到自己正在鬧情緒。

先看到是最關鍵。有些人很心急，一開始便想看清楚問題，但太多時候我們是連問題已出現也看不到，更遑論看清楚。看到是基本功，看清楚是修煉，需要一生的修養功課。

先看到自己正在發脾氣、抑鬱、落淚、焦慮、不安、嫉妒、憤怒、哀傷、不甘、怨恨等等。要先學習看自己，別老是把視點放在別人身上，把問題推往別人身上。發脾氣、容易激動的人往往都有一個笑話現象，就是當他們的情緒已表露出來了，還以為自己很冷靜，很理性，很合理，只是對方在蠻不講理和發脾氣。你會聽過有人面紅紅氣呼呼地大聲說：「我現在很冷靜，發脾氣的是你不是我。」是不是很搞笑？但細想你自己不也曾經是這樣，盲目自己的情緒，卻轉嫁到別人身上，只看到別人的缺點，無視自己的問題？我們原來都沒好好看過自己。

我們有很多事情想做，有很多人想親近，想去愛。可是，你的情緒很不穩定，不是容易發火，就是容易負面悲傷；本來可以平穩地做好一件事，就是因為情緒，令你嚇走朋友，挫敗自信，失去動力，流走機會，最後一事無成，助長更大的負面不安感。反問自己：「我是懷才不遇，運氣不如人，還是性格影響了命運？」

其實大部份人都不是際遇特別不好，**只是做了情緒的奴隸**，**左右了人生**。

我們要學習調校情緒，但這並不是目的。調校情緒的目的是處理好事情，做好事情。前者是為完成後者。

有人以為靈修的目的，是尋求脫苦或快樂，以為所謂超越、不再執著鬧情緒，便能得到最後的平靜。本來，追求自我感覺良好不壞，但別藉此逃避處理和善後被你搞砸的外在事情，當心別替自己逃避責任找漂亮的靈性藉口。

情緒的食糧是記憶

> 情緒的食糧或燃料是記憶。
> 管理情緒，其實就是管理記憶，管理過去。

要管理好情緒，首先要了解情緒是怎樣運作的。

負面情緒可由生理影響。

譬如發炎跟負面情緒有密切的關係。細想上次當你有咽喉炎或口腔生痱滋時，你是不是正在鬧情緒，抑鬱症病發？便秘的人、失眠的人情緒不會好，經期亂七八糟的人情緒也不好，燥熱長豆豆的人照鏡子時情緒當然不會好。

負面情緒也可影響生理。

有研究指，當你回想一段負面的記憶五分鐘，你體內的抵抗力抗體的數目便會急速下降，要待六小時後才能回復回想負面記憶前的那個狀態。換言之，只是五分鐘的負面想法，已足夠減弱我們的抵抗力功能。再細想你每天到底有多少時間花在負面記憶和想法裡？又需要多少時間才能把抵抗力修復好？你現在開始明白為何自己的感冒老是醫不好和復發，為何動不動便會生病，痛症久醫不癒，再加上不良藥物越吃得多，抵抗能力也自然失調，甚至失效，你只會越來越病，身體越加虛弱。而身體病弱的人，情緒自然也應運變差。這是惡性循環。

還有抑鬱症，它可能是當代最難醫治的病症，因為成因複雜，而且能持續刺激情緒，不受控制。刺激體，原也是我們的記憶。

情緒的食糧或燃料是記憶，而人類的記憶系統極其複雜和精密，同時雜亂無章，無法線性追溯，一發不可收拾。勾起負面、糾纏的情緒，主要是敏感的負面記憶，它通常是帶著傷害、痛心、殘忍、震驚的事故而產生的深刻創傷。它在與情緒緊密相連的心臟，以及與記憶親密的腦袋的互動下，建立了自動重複的迴路，一旦受到外來刺激，勾起這些敏感記憶的話，強烈的情緒會自動啟動，激活和加劇迴路的運作。就像喘咳一樣，即使你有多主觀和理性地想讓它停下來，也難免掙扎於缺氧的生死邊緣，無法自控和自拔，能讓人頃刻間感到絕望、脆弱、無助和恐慌。

譬如，他又忘了答應你會早點回家和你一起吃飯。其實他這次可能是因為發生事故，或者突然工作上抽身不暇，所以遲到了，雖然他已事先打電話給你解釋了晚歸的原因，可是，你不相信。你接到電話的剎那，耳朵是聽到他說：「對不起，有臨時會議要開，要遲一小時才能回來，要不你自己先吃飯啦。」可是，腦袋卻馬上勾起上次他遲到的事件，那次是因為他被同事叫去玩而忘了。同時，你高效運作的腦袋更把他過去沒兑現承諾的事例逐一抽取出來，以電影的方式在你腦內快速回播，你馬上感到不安、憤怒。你覺得他根本不重視和你一起吃飯的承諾，他一直都是這樣的，他甚至可能在欺騙你，「因為」他確實曾經出過軌，他曾悄悄跟女同事吃飯，甚至親密過，被你發現後他說不會再發生。然後你再「想起」最近他在性方面對你冷淡和被動了，他「應該」是在說謊了，「其實」他是和女同事去吃飯了，他再度被勾引了。然後你崩潰，哭成淚人，你深深感到他真的做了對不起你的事，他不再愛你了。

這是記憶影響情緒的經典例子。**你其實並沒有看事實，你在利用記憶和想像，推論和聯想「事實」，從而製造相應配合的情緒**。

記憶是聯想和二次創作的合成品，它不是百分百依足原著的。你的心態正面，你的記憶也傾向正面和精要；相反，你的心態負面，你的記憶會傾向負面和雜亂，越想越多越誇張，到最後你在自編自導一場沒發生但已被你完成的「真相」。你活在自製的痛苦不安中，你的現實只是你的個人聯想和編劇的結果。你要對自己的負面情緒負全責。

管理情緒，其實就是管理記憶，管理過去。

勾起負面情緒的源頭，是沒被解放的情感記憶迴路或程式。處理的方法不是要避開或者斬斷記憶，像西方醫學處理病毒的方式一樣。眾多修心的老師提出的方法都叫我們要活在當下，但重點不應是否定記憶，而是應學習管理它，和它好好共存和相處。

活在記憶裡本來是良好的生物進化的設計，它是高等動物的特殊結構，能讓人不用每次在面對新或舊問題時，由零開始重新建立新認知和記憶體，大大減省時間，可以高效地處理更多複雜的事情，令人進化，提升生命質量。假如我們沒有記憶，每次走一步路可能都要重新學習，或者假如我們的記憶系統很笨，學習系統便會大受影響，變得非常笨，令我們只記得和知道在家裡冷了要穿衣服，出外卻不知也要多帶衣服，因為我們不能變通記憶和知識，不知在外邊冷了，還是可以用相同的方法來避免著涼的。

壞情緒的源頭是負面記憶，這是古人早已清楚的發現。我在舊作《一個人不要怕》裡提到，「回憶」的英文是nostalgia，其古希臘字根正正是pain of return（nost-algia），即是返回過去的苦痛裡，這正是負面記憶的沉溺本質。

處理記憶的重點是善用它，而非沉溺。

處理情緒

我們首先不想接受的不是壞情緒，而是那個擁有壞情緒的自己，我們惱恨那個會情緒失控的自己，那個不完美的自己。

那該如何處理負面情緒如抑鬱、憤怒或不安感呢？

在情緒突擊時，我們可以學習情緒的急救方法，讓自己盡量克服，堅強自救。譬如從調校呼吸、敲打情緒穴位，和使用聲音療法等。這些都是較快速能幫助分散過度集中的情緒能量，令我們能鬆下來。不過說白了，理論是有的，方法是行的，只是效果並沒有百分百保障，因為負面情緒的嚇人之處，正是它能蠶蝕精力，令人筋疲力盡無力反抗，淪為自暴自棄，沉溺不願醒來。

所以，我們需要經常訓練情緒抗敏力，別等到病發時才臨急抱佛腳去處理野馬般失控的情緒。我們需要靠日常生活上的修養，強壯情緒抵抗力，才能改善症狀。

有讀者說：「我記得妳曾寫過一句話：『其實壞情緒只是想找個落腳點而已，接受它，請它走便是了』。可我不懂，我該如何接受它？當情緒壞到極點時，要麼是爆發，要麼是靜靜的流淚。可我永遠都是選擇後者，我連爆發出來的勇氣都沒有，只是在內心爆發，然後默默的流淚。我真的不懂怎樣去接受壞情緒。」

對，接受才是最難。能接受的話，一切都容易處理和善後。

為甚麼接受壞情緒那麼困難呢？因為**我們首先不想接受的不是壞情緒**，**而是那個擁有壞情緒的自己，我們惱恨那個會情緒失控的自己，那個不完美**

的自己。對，沒發生事故時，我們都覺得自己是安好的、穩定的、無辜的，我們都接受這個美好的自己。可是，人的真面目通常不是這個好端端沒發生事情的自己，而是那個氣動了、心亂了、不穩定、情緒爆發的那個自己。這個混亂的、分裂的、情緒傾瀉的自己，令我們害怕、無助、失控，臨界生命危機感。到底，我怎麼會變成這樣難過和失向呢？為甚麼我會發瘋一樣的憤怒或不甘？為甚麼我會那麼介意、甚至恐懼跳進這種情緒的深淵，不能自拔和自救呢？我不是一向很堅強和自信的嗎？我接受不了這個失控的自己。

別把自己想得完美，**也別把自己想得更亂**。**情緒是亂了的氣**，像敏感打噴嚏一樣，它是會離開的，離開後它就不是你，所以別擔心也別把它貼在自己身上，認同了它就是你、你就是它。**接受它**，**就是你肯定它出現了而已**。**不逃避**，**正確地處理它**，**它就會離開**。就像感冒了，我們醫治它，它便會離開或消失。我們不曾覺得感冒就是我們自己啊，我們不會因為感冒而否定自己的，是嗎？同樣地處理情緒就是了。

日常從食療或服用營養補充劑調校情緒也是重要的，譬如多吃含高奥米加3的深海魚，或服用優質的純深海魚油丸，補充所需要修理情緒的EPA脂肪酸。也可以從其他天然的療法改善情緒，如使用改善緊張、紓緩情緒、減低壓力、抗抑鬱等的優質純精油等。

管理記憶，處理情緒，尋求平靜是手段也是責任，目的是為做好一個人，處理好事情和人情，減少製造更多餘孽和垃圾，讓大家都好過，世界變得更好，這才是活著的功德。

認識和處理情緒是個大課題，關於處理情緒的各種急救和長遠方法，將會在我專注談情緒自療的著作裡詳釋。

接受黑暗面

黑暗是光明的家門，別害怕它。
打開它，看通了，留守成怨恨，翻身就是愛。

我們最難面對的往往是自己的黑暗面，發現原來自己蘊藏著這麼黑暗的人性暗格，可以那麼傷害自己和別人時，難免會陷入恐懼和痛苦中。

沒有看清楚自己的我們，總以為自己很好，很合理，甚至很溫柔，很有愛心，很慈悲，很寬容，很良善。可是，在利害關口，在災難或慾望當前，在被傷害的剎那，你隱藏的那些分裂的自己便會跑出來，令你對自己感到陌生，難以置信，甚至不敢接受原來自己可以是這樣的。

一般人在沒甚麼難關出現時，都會逃避面對自己根深柢固的弱點和黑暗面，明知它們在，甚至一直都口裡說要清理，要處理，可是拖拖拉拉又是一天，以三千八百種藉口叫自己別添煩惱，過得好端端的便別節外生枝。或者大家都很清楚自己沒勇氣面對，也不想面對，懶得面對。出事再算吧，就是這心態。

然後出事了，你傷害了誰，誰傷害了你，尤其是當你最愛或喜歡的人受害了，被你狠狠刺痛了，甚至想到離開你，你手忙腳亂才知道原來早應面對和處理，現在卻不知所措，心慌意亂，越急忙，越製造更多粗心笨拙的傷害。

原來，我們平常沒有處理傷痛的訓練，沒有面對過自己黑暗的一面和多面，突然發現原來好端端的，不是壞人，比地產商有良心得多的這個自己，也可以因為貪婪、說謊、自私、妒忌、仇恨、怒氣、邪念等而毀掉別人的一生。面對自己如此醜陋的黑暗面，我們怕得要死，不懂應對，換來自我否定，或自暴自棄，這是最危險的時候：你可能會絕望，或變得迷信，或助長了對立思想的心魔，說服自己其實也沒甚麼大不了，繼續行兇或逃避。

黑暗面是提醒我們別再逃避長大，要正視人性的脆弱，學習堅強、定力和良善，接受自己的好壞，謙虛地改善自己，善後自己闖下的人禍。

黑暗是光明的家門，別害怕它。打開它，看通了，留守成怨恨，翻身就是愛。

○　○　○

定期清理自己

清靜的條件在乎清。
清理也是靜心的方式。

自療是從清理自己開始，一步一步仔細地耐心地替自己逐一清理長久的壓抑、積藏在內心和身體的垃圾，但也別忽略了同時清理身邊的環境。

看一個人的家放了甚麼，放成怎樣，便能看到他體內也放了甚麼，放成怎樣。

凌亂的人，需要擺放和被很多物件包圍著的人，其實都欠缺自我管理的意識，也通常欠缺安全感。其實所謂需要很多物件只是概念，或是被集體催眠影響，譬如電視機需要電視櫃，衣服需要衣櫃，甚至睡覺需要床等，不是必然的需要。有沒有想過，你可以改變生活作息中所謂的需要，從清理開始，減少擁有，反而更能培育安全感？

把家變成營地，享受純粹空無的清靜感，也可以是一種難忘的體驗。

定期重設自己習以為常的慣性和環境，譬如坐在地上聽音樂，甚至大字形躺在廳中地板看窗外的星星，嘗試東南西北不同方位的睡姿，露營一樣的自由自在。家，應是自由的終站。

清靜的條件在乎清。清理是重整的第一步。你總有很多原以為很有用、不能丟掉的東西，但細想，一年、兩年、三年了，你可曾碰過它們嗎？哪怕是書架上的書，你一年內碰過多少本？衣架上的衣服，一年內重複穿過多少件？鞋架上的鞋，一年內重穿過多少雙？甚至閉上眼睛，你能記得多少家中物，還有它們存放的位置？四季衣服十件已夠，鞋子三雙，電腦一部，可能已十分足夠。家，可以很空很空。心，可以很清很清。

出走不成的話，你是可以在原地改變空間的，在乎你肯放下多少，還執著多少。定期清理自己的好處是幫助你發現自己到底有甚麼是不能失去的，而所謂不能失去，你到底有沒有好好和它相處過，抑或不過是放不下的心理擺設罷了？

清理也是靜心的方式。

很多人問有甚麼好方法可以靜心，除雜念。我總會建議最簡單的方法，不用特意去做甚麼，不做甚麼。從你每天其實必須要做的事情開始就行。

譬如你其實每天都應清潔家居，清潔身體。基本的清潔是三歲以後的人都應該學習和變成良好習慣的。我們只被賣沐浴露的廣告催眠後覺得應乖乖地每天洗澡，不洗會覺得不舒服，但我們會覺得每天清潔家居是煩事，可拖則拖，還大條道理解釋是因為日常工作已太累，沒時間也沒體力，一星期清潔一次也可以吧，那你一星期洗澡一次行嗎？

然後日積月累，窗户、大門、地板、桌面、廚廁、窗簾等滿佈灰塵，悶氣霉氣加上你每天帶回家的屈氣和怨氣，令你的小窩變成滋養細菌和負面情緒的溫床。這不正也對照你每天懶於清理自己的陋習和關係上產生的矛盾嗎？

要靜心，除雜念，先從清除內外污垢開始。提起精神去抹窗、除塵，拉開窗簾，打開窗户，讓溫暖的陽光走進來，替你天然消毒。清理時，你是動員全身的肌肉來運動，你也會變得專注，心容易靜下來，雜念也會被你願意清理的心請走，你會發現前所未有的專注和安靜。心情會變得輕鬆，胸肺也會擴張，手腳在舞動。這就是你最需要的運動，也是最好的靜心方法。

清理好房子後，你會看到和聽到房子在跟你微笑説謝謝，它在發亮了，像重新活起來一樣，你也感到像替自己清理了一次一樣，煥然一新，輕輕鬆鬆，一陣微微的幸福感充盈內心，平靜和喜悦自然出現。陽光在照顧你，新鮮的空氣在愛撫你。房子不再黑暗，你也不再黑暗。你和愛在一起。

還需要往外尋找更多更複雜的靜心方法嗎？先做好最基本的、應做的家務，家安了，心也安。

○　○　○

預留孤獨空間

別忘了再累、再沒時間，
都應每天預留一段完全屬於自己的時光，
這是很多人都忘記的養生快樂之道。

自愛很具體，由重組生活開始，從管理好作息、能量和情緒，一步一步的自我認識和改善。

自愛是漫長的路，別過於心急要達到甚麼目的，也別以自愛之名忘記了為自己預留孤獨的空間，做些傻傻的事，和索性不做甚麼事。

人需要舒閑的空間，讓身體和心理回氣，休養生息，這是為修養愛作好身心的準備。

獨處很重要。當我們需要重新看自己，聆聽自己當下真正的需要和意願時，我們需要在讓自己孤獨的空間進行，學習、體驗跟自己孤獨地相處、相愛。

我在《好好修養愛》裡提過，孤獨可以是一種享受，在心裡開花、微笑，辦法是讓孤獨與自愛同行。

自愛的人會感謝孤獨為自己帶來的方便，更自由自在地活出自己，享受生命，甚至分享快樂，更懂得愛。孤單是懂得獨處。能做回自己、安於社群的人，必然先懂得打開自己孤單的空間，多留時間和空間給自己思考、休息、發揮和感受。這樣，我們才有時間和空間，學會看、聽、說、想和安靜，準備好管理自己的條件。

別忘了再累、再沒時間，都應每天預留一段完全屬於自己的時光，這是很多人都忘記的養生快樂之道。每人每天只有二十四小時，如何分配好這二十四小時，便是自我管理的精髓。

孤獨時候，建議和一種安靜的純粹聲音一起共振，替自己做靜心、安心的療程。譬如靜坐，敲響一個能跟愛的振頻136.1赫茲產生共振的銅磬，閉目，輕呼吸，打開皮膚，讓純粹穩定的振頻徹底清理和淨化身心。這一刻，忘卻時間和自己，讓身心和宇宙融合為一，生生不息。

○　○　○

第三章　從修養自愛到大愛

修養＝調校自己

一個普通人也有能力把垃圾變成正能量，
這並不是奇蹟，
這不過是自我管理和修養的結果。

自愛是一種修養，從最具體的作息生活和調理身體開始。

我們應該怎樣協調、調整自己呢？這是需要學習的。

愛自己需要學習調校自己，這是進入修養自己的過程，需要一邊修，一邊養。

先談「修」。

「修」就是**進修**（**學習**）、**修理**、**修補**。**調校自己就是學習照顧自己，修補自己**。

本書由首章開始一直在談關於「修」的具體程序：學習處理混亂，照顧和尊重自己及別人，學習閱檢自己、自我管理，自能好好處理因為混亂、貪慾、懶惰和情緒等問題而令身體、心理和心靈產生的不順暢，並且清理積壓的、隱藏的、累積的雜念、心結和負能量，懂得拒絕認同、關心或附和它們，要不然我們會不自覺地參與大量複製垃圾的過程，和相同負面振頻的人互相傳染負能量。

再談「養」。

「養」就是滋養、培養，是每時每刻，一點一滴地去培育細膩的心和微調細節，讓原本粗心的自己變得更細心、更敏感、更溫柔。

「養」需要浸淫，需要時間，需要花一生去投入，這是一生的投資，沒有完成期，只有持續期，和保育期。養成滋養的心態，你不會感到負擔，反而活在淡淡的幸福中，你願意活在無時無刻的修養中，才能活在揮灑的自愛內，而不感到辛苦、壓抑、委屈、犧牲或負擔。

兩大核心原則

> 必須先願意接受自愛和修養各自兩大核心原則，才能踏入修養自己的學習路。

若我們真心想自愛、修養愛的話，必須先願意接受自愛和修養各自兩大核心原則，才能踏入修養自己的學習路，檢閱、清理、調校和管理自己：

自愛的核心原則：

1. **答應自己**，**無論發生甚麼**，**也對自己不離不棄**，**不找任何藉口終止自愛**

   這世上除了自己外，沒有其他人能真的對你不離不棄，愛到死為止。

2. **熱愛生命**，**尊重生命**，**分享愛**

   我們必須紮根地球，與地球的振頻共振，愛地球、愛世人、尊重所有生命。只有相信這種愛的層次和質量，我們才能停止製造垃圾，包括說話、關係、消費、思想、飲食等等，並懂得定期清理自己，把垃圾轉化為愛。

修養的核心原則：

1. **你要先喚醒良知和良心**，**願意堅守憑良知做事**、**憑良心做人的原則**，**不因外在或內在因素而動搖**。

失去這個原則，或者原則輕易動搖的人，自然陷入在第二章所詳述人的三大弱點裡：混亂、貪慾和懶惰，難以愛，做好一個人，優化自己和其他生命。

2. **對自己的情緒**、**感覺**、**決定和言行負責任**。

這是一個成熟、自愛的人的核心態度。

在自愛的過程中，遇上挫折，想放棄時，我們容易陷入一種謬誤的想法，就是以為那些自愛的條件和內容，只有聖人才能做得到，我們不過是平凡人，做不到是正常的。

別迷信聖人，聖人根本不存在，它只是概念、想像和慾望投射出來的產品。

你要知道並相信，**一個普通人也有能力把垃圾變成正能量，這並不是奇蹟，這不過是自我管理和修養的結果，可以通過後天努力、自我反省和投放時間修養得來**。

我們需要修養自己，不只是為了自我提升，也是為了地球。因為我們不夠自愛、不夠他愛的關係，對世界和地球造成的傷害，已經到了不能不正視和馬上修補的臨界點。

要注意**別陷入受害者的思想牢籠**，**也別旨意成為拯救者**，**在還未整理好、清理好自己前**，**別逞強要去幫助其他人**，**墮入濫發愛心和消費慈悲的陷**

阱。也應多為生活預留安靜的時段，培育自己心清眼亮，才能清楚、知道、明白、看見、聽到、行動，照顧好自己，愛好生命。然後，把自己的垃圾，轉化變成愛的能量。

假如我們能認真地去管理作息、能量和情緒，也就是能整合我們的身、心、靈三個層面，活出健全的，愛的人生。然後，這愛的振頻會引發共振，影響世界，令世界變得更美好。

○　○　○

別小看小事情

別小看小事情，
小事做不好，
不能做大事。

很多人在尋找自己的人生路向時，都會問自己：「我到底想做甚麼？」但問這個問題之前，你應先問一個更關鍵的問題：我「能」做甚麼。更重要的是，你能做「好」甚麼。

有一種人總覺得別人不夠重視他，也不被尊重，卻沒做好事情。舉個例子。我有一個年輕女客人，她一直在埋怨老板常常針對她，挑麻煩。譬如說老板叫她去管理辦公室內的報告板，她埋怨老板總是嫌她貼通告貼得不好，因為她沒把釘子按好，按得不夠穩。她說：「老板根本看不到我的長處，只管挑剔我，為釘子這些小事情來責備我。我其實有很多好的想法和點子，他卻一點也沒聽進去。」我告訴她：「假如我是你的老板，我可能已把你解僱了，因為你連按一口釘子那麼微小的事情也做不好，我還能把重任交給你嗎？你瞧不起最基本的、最微小的工作，怎能承擔大事情？粗枝大葉的人，怎能辦好大項目？所以，你不合格啊。」

粗心的人總覺得別人對他不好，以為自己不被重視。別小看每一件小事情，你以為不重要的，其實是最基本的。

不少人沉醉在自我中心的狹窄世界裡，目中無人，自以為是。問題是，他們並沒有從基礎上裝備好自己，反而只是態度上自大、囂張、逞強、撒野，實際上拿不出踏踏實實、紮紮實實的基本功，可能連最基本、簡單和必要的一件事情也辦不好，譬如做家務、語文表達能力、寫求職信、基本禮貌、守時、收拾等等。一些富二代，或備受家庭過份照顧的年青或中青一代，被家庭和社會習染了目中無人，不講謝謝，不讓座，開門不管後面跟貼的人，不主動幫助老弱等，充滿缺乏修養的壞習慣，還自視過高，自覺優秀，未達專業水平卻懶於學習，不想捱苦，粗心大意，態度傲慢，不認過失，逃避責任，不可一世，易發脾氣，埋怨別人不明白自己，甚至承受不起最少的壓力或責備，動不動便尋死、自毀，不愛惜生命，當然也不愛自己。

你能按釘子，但你按好了嗎？別小看小事情，小事做不好，不能做大事。千萬別天馬行空地去空想，要認識自己的能力。別以為自己懂很多，你必須一步一步來，別妄想可以一步登天。

同樣，別以為一步可以改善自己。認識自己才能成長。

○　○　○

虔誠地做好一件事

虔誠地做好一件事才能修成穩定、踏實、不容易被外界干擾自己。

談修養，不得不提一位我很尊敬的尺八老師。他的名字叫塚本竹仙，日本人，是最古老的普化尺八明暗流的傳承人。（註：尺八是一千二百多年前由中國傳到日本的竹製樂器，洞簫的始祖，後發展成日本的邦樂。）

某年我有緣在杭州跟隨塚本老師上過一課，深受裨益。他相當嚴謹，囑咐我必須先從根基開始練習，別只追求聲音是否好聽。連呼吸也沒練好，基本音也沒吹好的話，那就不是藉尺八修行，只不過是在玩。聽著也感到羞愧。老一輩的日本人，他們對藝術文化的傳承和學習所抱持的尊重和嚴謹性，是我們望塵莫及的，非常值得我們學習。

他在日本打理一家寺院，吹尺八已五十多年，現在才感到剛開始摸出尺八的靈性。他說：「藝術是有個性在裡面的，修行則不行。修行到一定程度，個性需要去掉，只留心性。」

那次親眼看到某些中國學生學完起來便走開，沒有行個禮，沒有說聲謝，感到很不應該，可老師竟沒有半點介懷，默默接續教下一位，沒半句怨言，抱病也不休息。這位年過六十的老師的道行讓我敬服。真正的謙虛，就是這種大氣。

他不但尺八好，劍道、詩和書法也很棒，卻甘於當一個無名的消防員，來中國教授尺八也是純粹來，不要錢，不要名。誰都希望能成為大師，當傳人，留名於世，塚本老師卻不追求名利，他甚至不願意讓自己跟當代一級尺八大師齊名。他只想默默地低調地做好一件事，忘名、慎獨，把尺八好好的吹、好好的回歸中國。

認真地、虔誠地做好一件事，為一件值得做的事奉獻自己和一生，靜靜地，不多想事小事大，是否夠偉大，對社會是否有貢獻，對地球有甚麼作用，這是一種情操，也是一種修養，智者的修行境界。

我們都太浮躁，都不夠謙卑。不是必須像老師這樣才夠好，而是這樣活的自己，才能修成穩定、踏實、不容易被外界干擾自己。這樣的人，能為自己和別人帶來穩定的振頻和正能量，平衡混沌的生態，功德無量。

假如我們能專注、帶愛地做好自己想做的事，它的能量自會運轉，發放讓世界變得更美好的振頻和訊息，讓靠近的人變得溫柔，地方變得純淨，心變得澄明乾淨。

一切事物都有自身的振頻和軌跡，我們別把自己想得太高深太關鍵。你若完美主義，思前想後，只會一事無成，不過在浪費生命和地球資源而已，沒有牽引生命的流動。

沒有誰比誰有用，無人能預設一件事情的果報。先做個合格的人，憑良心地做，謙虛行動，放下自己，交付大地，你會懂得收放，才能成器，到達真正知道自己是誰，要做甚麼，不做甚麼的自如境界。愛，這時才真正發生。

○　○　○

做個合格的人

合格意味著你做好本份，
用最基本的良知和包容的態度跟自己生活，
和別人共處。

先做個合格的人，才有能力去愛。

合格意味著你做好本份，用最基本的良知和包容的態度跟自己生活，和別人共處。

管理自己的人才算是成熟的人，願意長大和負責任的人。我們沒必要追求成為偉大、完美、知名的人，先做好做人最基本的要求，做個合格的人，才能多走一步，利己利人，不然只會為別人和世界添麻煩。

成熟的人會願意做個更好的人，而非更差的人。要做到，需要修養。別跟我爭論其實人原本已經足夠好，要變得更好只是思想遊戲或慾望的執著。這是時尚流行的靈性辯論，沒意思的。先看清楚自己的真相。能活在自足內，不欠缺也不用變好的是已修成的修道人，我們別一步登天，先落地反省自己，別把自己的道行妙想得太高。

在和別人「共處」中修養自己，這是非常重要的。在前言裡我已說過，一個振頻需要和其他共存者產生奧妙和強大的「共」振，才有足夠的能量孕育、豐富和進化生命，這奧妙的共振能量才是愛。

有人也許會說：「待我清理好、調校好、修養好自己，做到完全合格，保證不再犯錯，能散發優質愛的振頻後，才去愛別人，照顧別人，跟別人相處吧。」這是幼稚、不切實際，甚至是想逃避的藉口。

談修養、談愛，離不開一個基本條件：你要活在人群內，不是獨善其身。

一個人閉關修養自己是沒意思的，容易流於孤芳自賞、自我幻想或自欺欺人。離開人群去談人格的好壞或行為的對錯甚至愛，也失去道德價值和意義。要看自己是否真的在修養，就是看自己是否主動地、誠懇地、謙虛地、勇敢地在與別人共處的過程中邊學習、邊失敗、邊修正。在和別人共處中，你才能實實在在地檢測自我調校的成果，哪裡還粗心、混亂、自私或無知，哪些地方需要微調或大修。

別以「先修養好自己才去跟別人相處」作逃跑的藉口，你不過在逃避和別人眼對眼、面對面磨合時必然遇上的挫敗。別假裝完美主義者，其實不過是逃避挫敗的懦夫。

修養中最難覺醒的關卡是言行一致，所想所寫所說所信的是否能真正做到、做好。很多人缺乏覺知力，看不到原來自己道理說得容易，卻從沒做到。我們可以很容易很快速地掌握大堆修養和修行的道理，甚至能帶著快感地、洋洋自得地複製它們，過老師癮，把學回來的加工變成自己的人生哲理，向別人宣揚或分享。讀過幾本談人生、修行、覺知、內觀甚麼的大師名著、道理和理論，便上身似的以為自已已通透明白，充當專家。可是，能說得出不代表能做得到，甚至想過了便滿足了，以為已經做過、做到了。假如我們細心反思，其實我們更多是講得出做不到，空談漂亮大道理令自己感覺良好，或者向別人說教成癮而已。沒幾個人能真正言行一致，時刻覺知自己是否和所想所說所信的統合，因為要做到是需要非常清晰的心性、強大的勇氣、意志和覺知力，不能懶惰，不能自欺，光明磊落。人性中的貪和懶會讓人傾向選擇做小人而非君子。所以我們不難發現，說修養、修行的老師或學者們，不少私下的行為和人格正是他們所說的相反。人的分裂不過如是。

修養不是理論，修養永遠在生活中、實踐中、行動中、反思中，在集體裡培養和發芽，這是漫長的學習路，也是不容避免的、唯一能腳踏實地及顯示誠意的自我調校方向。

要成為合格的人，先檢閱自己是否已做到或擁有以下的條件：

1. 對自己負責

即自我肯定，自我承擔，尊重自己，肯定你是誰，對自己的身心狀態承擔責任。

2. 保存夢想

別忘記曾經擁有的夢想，也別忘了建立夢想，這是保持生命力、青春和自我更生的重要條件，也是滋潤生命的重要營養。沒夢想的人沒有人生動力，死亡意慾也提高，做事欠缺動力，對感情和關係也看得淡然，求生和創新欠積極性，難以達到成功和成就。

3. 問自己最害怕甚麼

每個人都有某些限制，不管你擁有多強大、聰明或優厚的條件。往往是潛藏的恐懼形成相應的際遇。譬如越是害怕與人接觸的人，越容易在人際關係上碰釘，越是感到孤獨無助，自命不幸。發現自己的恐懼，面對，處理，善後，轉化能量，你便能活出嶄新的生命。

4. 注意情緒

細心發現和關注自己的情緒狀態、歷史和周期，細觀其反應，你會發現潛藏的病源或失敗的源頭，有助改善際遇，步向和平、快樂和平靜的人生。

5. 在共處中改進

用謙虛的態度，在和別人共處的磨合過程中，自願改善自己的弱點，不斷學習，追求進步，不滿足於停步的安逸。

要看自己是否合格，必須先養成自我反省的美德。不妨自省以下的問題：

1. 你多久沒有説過謝謝？
2. 你多久沒有説過對不起？
3. 你是否老是覺得社會、家庭、愛人、老師、朋友都不理解你？
4. 你是否覺得誰都不聽你？
5. 你有聆聽別人嗎？
6. 你的責任是甚麼？
7. 你的人生有目標嗎？
8. 你知道自己的能力嗎？
9. 你知道自己的弱點嗎？
10. 你知道自己的慾望嗎？
11. 你到底有甚麼用？
12. 你的死穴是甚麼？
13. 你懶惰嗎？

14. 你經常奴役自己，不能停下來休息嗎？
15. 你每月花多少錢？知道錢具體花在哪裡嗎？
16. 你有做家務嗎？煮過飯給家人吃嗎？
17. 你懂得和願意照顧自己和別人嗎？
18. 你身上有多少名牌？
19. 你覺得自己很窮嗎？
20. 你覺得自己幸福嗎？

世上沒有理所當然的幸福和給予。我們要學懂自我管理，除了讓自己做個更好的人，活得更好外，同時也是為別人好。

也檢閱自己是否願意以下面的方向和目標，開展調校自己，管理自己，惠澤別人的新生命：

1. 願意愛自己同時學習去愛別人
2. 願意獨立、自處，不只求依賴
3. 學習照顧自己
4. 學習照顧和愛你的家人和伴侶，不等不拖
5. 先改善自己，才有資格向別人提出要求
6. 學習承擔責任
7. 對自己的情緒負責任
8. 對自己的言行負責任
9. 願意管理慾望
10. 學習發掘自己潛藏的好壞，進而發揮或改善自己
11. 先適當地付出，照顧別人的感受
12. 愛地球、環保、拒絕浪費
13. 少說廢話，多行動

14. 常懷感恩之心
15. 願意修養自己的品格和脾性
16. 統合分裂的自己
17. 言行一致，光明磊落

○

○

○

從自愛到大愛

愛是自我了解和發現的終身旅程。

愛讓我們經歷成長和改變，尊重生命和自我修養，從自愛步向大愛。

要自愛，必須**先熱愛自己的生命**，同時**不能只愛自己的生命而不愛其他生命**。

自愛，離不開尊重地球和其他生命，把個別的愛提升到眾生的大愛，而這修養必須在現實中實踐，而非紙上談兵、說得漂亮的道理。

人不是單獨地活，**生命不只為自己**。

我和你、**我和社會**、**我和地球是一體的**，**任何一方活得不好**，**也會影響其他**。

自愛不可能自私。自愛的能量是開放和正面的，自私的能量是封閉和單向的，剝削別人滿足自己。

自愛讓人調校自己，重組生活。穩定、能分享的愛的振頻，能給我們力量和能力，重組家庭，重組社會，以至於重組地球，尊重生命，分享愛。

帶著優化的愛的生命，以能與地球和諧共振的136.1赫茲振頻活著的生命，會拒絕製造浪費，順應自然而改變、發展、進步、延續生命，感恩地回報生命，從自愛走向更大的愛。人與天地，自能生生不息。

拒絕製造浪費

浪費的背後是，
你變得越來越不懂得珍惜，麻木不仁。
你浪費的能量會反過來變成你內在的垃圾。

談到尊重生命，不能不正視浪費這現象。

這兩年我在全國巡迴演講，演講的內容，離不開一個關鍵詞：別浪費。

在珠海跟邀請方的同事吃飯時，一位來自東北的男生告訴我，他第一次來廣東，奇怪每人外出吃飯，都會剩下食物不吃光，說是「有餘」好兆頭。他在東北就不一樣，媽媽都要他把食物全部吃光。

事實上，我們都知道剩下食物的人，不見得因為吃剩而走運，吃光的人也不見得就倒楣。但不容置疑的是，剩下食物就是浪費。

那浪費有甚麼不好？除了誰都應該知道會讓地球資源分配不平衡外，其實更導致我們心理不平衡。

浪費，代表你沒有管理好自己，製造沒有對事情善後的慣性和潛意識。

浪費也造成慣性麻木，令你越來越覺得浪費就只是浪費而已，沒甚麼問題，反正人人都是這樣。但你要記住，你不是一天浪費，你在持續地鍛鍊浪費的行為和心態，連鎖效應讓你也投入浪費其他事情，包括說話、金錢、衣服、感情、時間等等。精神的、物質的、精力的，每天催眠自己去浪費，**浪費的背後是，你變得越來越不懂得珍惜，麻木不仁。**

我沒看到一個浪費食水和食物、點菜吃不完感到無所謂的人，會珍惜身邊愛惜自己的人。你覺得剩下米飯沒有所謂的話，表示你連愛的能力和深度也有限。如果你再繼續浪費，你就變成垃圾。你有多浪費，你浪費的能量會反過來變成你內在的垃圾。

多說廢話，多添負面情緒，多製造剩食，你內心便積聚同等份量的垃圾。

製造垃圾最大的問題，是讓我們向潛意識不斷添加多餘的、沒用的、負面的訊息。這些訊息製造更大的混亂，令我們難以自我調整。

導致情緒問題的其中一個誘因，原是我們沒有把舊的垃圾清理，同時加添新的垃圾，所以老是斬不斷，理還亂。自愛的重要一環，是學懂提點自己每時每刻別不斷製造垃圾、不斷重想負面的記憶。我們若把壞的、不好的記憶每天不斷重複地想和說出來，不斷催眠自己和別人的話，我們便建造了一個充滿負面情緒、思想和價值觀的小世界，這樣的你，只會為別人帶來負能量，你的存在本身已成為垃圾的一員。你說是愛還是害？

通過慣性消費來製造浪費，正是現代人活壞、變得麻木的元兇。看我們如何在家堆積過多衣履，往肚子堆積美食零食，向腦袋堆積垃圾思想和說話。能在生活點滴上逐一注意別浪費、別隨意消費，好好對待買回來的東西，跟它建立親密愛的關係，定時清理，煩惱自能銳減。減少衣櫃裡三分之一的衣服，你的負面情緒自能減掉三分一。

有讀者問，是否應像素黑一樣對物慾減到最低，積極不消費才能求得心境平靜呢？

這是錯誤的邏輯。消費沒問題，重點在消費時是否清醒，買回家後是否珍惜。說白了，我對物質的簡樸和愛，不是你想學便能學到的，自問你能穿一條褲子二十年而不膩不多貪嗎？你能逐步減少想和說多餘的話、買多餘的東西，已能減少浪費。

無須學習誰，愛你已擁有的，尊重你選擇購買的，少添擁有和垃圾，自能活得清爽和知足，帶著愛。

注意別消費別人的時間，或者讓別人浪費你的精神。叫停那些以傾訴之名每天不斷向你發炮負面信息，不懂得靜下來反省自己的問題的朋友，不然你是害了他，鼓勵他盲目看不到自己，聽不到自己正在製造垃圾。

別再浪費時間和精力收納混亂振頻的媒體和網絡垃圾資訊。拒絕關注惡言，別看別聽別參與討論或評論，為免參與製造垃圾的行為。

別再以消費之名而浪費，多添垃圾。懂得珍惜我們共同分享的地球資源，才能獲得真正的滿足和平靜。

自然＝無常

> 自然的別名也叫「無常」，
> 所謂自然律則並非一條亙古不化的公式，
> 而是在不斷變化中自我更新和進化的生態週期。

有些人特別感性、浪漫，有點藝術家脾氣，活在自我中心裡，性格固執也強硬，不容易聽別人的話，也不覺得需要聽誰的話，更不喜歡改變自己遷就別人。即使明知自己有缺點、有毛病，這些缺點和毛病已為自己和別人帶來了不快和麻煩，不過，若你勸他們反省自己，改善自己時，他們會鑽牛角尖，用自製的邏輯替自己找藉口，譬如說：「每個人都是由優點和缺點組成的，甚至人性的黑暗面也是本性的一部份。人要對自己誠實，忠於自己。不是說要活得無為和自然嗎？那就不需要改變它，這就是最自然最好的狀態。」

刁蠻任性的人還會這樣回應：「我就是這樣，那又如何？我是不會改的，這就是我最自然的本性。」

這些人把溝通和改變的可能性關上門，阻止對話和交流。他們追求個人自由自主，所謂崇尚自然，活回自己是合理嗎？他們真是忠於自己，活得誠實嗎？

三歲之前，若你有這種態度的話還可以被體諒，但三歲以後你便沒資格，你必須成長和對自己的言、行、想負責任，因為別人需要消耗他們的能量和地球資源去配合、成全或糾正你的任性，你在變相剝削別人，逃避正視自己的問題。

有人會誤解修養，以為做回「自己」，順其「自然」就是最好的，不然修養會變得造作，甚至壓抑了「真正的自我」，所以追求自然便可以了，不用刻意修甚麼、養甚麼，不符合自然。

所謂誠實和忠於自己，並沒有排斥自我改善的空間和需要，這正是每個人來此生的意義：為成長、蛻變，比上一代活得更好而非相反。假如個人缺點阻礙了成長，便有責任改進。

別濫用「誠實」或追求「自然」之名，掩飾你的無知和幼稚。

別忘了，我們都是由不同的分裂的「自己」合成的。其實我們一直誤解了「自然」，「自然」並不是真正的自我。

我們都理解，萬事隨著自身發展出來的內在存活律則，叫自然。

我們都知道，讓自己感到最舒服的狀態，就是活得自然，沒有勉強，沒有難受，隨遇而安。這是一種自然的（natural）態度，但並非自然（nature）現象。

我們追求活得自然，準確一點地說，**其實是指我們在追求活得自在，而自在並不一定是我們想像中或要求的那種所謂「自然」狀態**。我們活得不夠自在，遇上太多無奈的事端、勉強的相處、難過的時光、不義的際遇……但看清楚，這不就是活著最自然發生的常態嗎？原來我們其實並不希望活在這種「自然」裡。

事實上，就自然定律而言，世上大概只有人類活得最違反自然。**沒有一種動物需要追求自然，因為它們怎樣進化，也沒有脫離自然的軌跡，它們能順勢而行。人類卻越走越偏離**。我們所追求的所謂活得舒服自在，背後可能不過是我們沒有珍惜自然資源，活在非自然的「消費即浪費」物慾世界裡，諷刺地帶來了文明和文化，卻犧牲了自然。文明意味著進步，但進步與自然越拉越遠。進步的社會大量耗損自然資源生產非自然的物質和慾望，在人身和心上狂貼超級垃圾，一層一層掩蓋了自身發展的自然軌跡。在這種泛濫的生產模式下，地球能活到今天，其實已經相當堅強。

有人覺得自然的東西就是沒加工，沒加工就是維持原始面貌，不用修補，因為事物根本沒有好壞對錯。

這想法並不合乎發展原則。不，他們錯了，自然的道德並不在原始，而在發展，它是帶著發展性、成長性的過程，「變化」和「延續」是關鍵詞。因為有變化，所以自然的別名也叫「無常」，所謂自然律則並非一條亙古不化的公式，而是在不斷變化中自我更新和進化的生態週期。自然有其生理週期，星球也會老化甚至會死亡。

自然的拉丁文字根是natura，是本質、本性的意思，也有誕生之意。

自然就如古希臘字母列第一個（A）和最後一個（Ω）字母一樣，是起始（alpha）和終極（omega），生死循環的過程，經歷成長原是自然的核心價值。

希望追隨自然，活得自然，我們首先要接受萬事無常和去道德好壞的演變，接受一切的發生，願意改善，過程中修得Let Be（自然而然）的心態，樂天安命。重點，是讓自己在不斷變化中自我更新和進化，而不是任性地飄流，抽離於自我調校和尊重別人而談。

愛自然，更需要尊重修養大愛，保育讓自然發生的一切資源，別浪費，要善待，用良心和愛擁抱自然。

感恩，回報生命

感謝供養你活到今天的一切，
讓你還安好，還活著，
還有機會修養自己，活得更好。

能活著，已經是愛。我們常常忘記了感謝。

感謝在我生命中佔了很大的位置。

愛，就是感謝身邊有形無形的人，還有山、水、風、雨、太陽、月亮和土地。我不希望污染地球，不希望浪費生命，也不希望浪費別人的生命。人生如果有成就的話，應該是減少對地球、對環境製造垃圾，包括你說的、想的、吃的。

擁有愛的振頻136.1赫茲的人擁有良好的人格，願意修養自己，回饋地球，回報生命。

我們常以為自己的問題很大，但放眼看世界，我們其實很渺小。我們能

保護好一條小河，**已經很有成就很有愛**。

一個有用的人，**一個成熟的人**，**必須擁有自己走過的經歷**，**不是走爸媽或誰給你安排的路**。你要活過，一步一步走過去，走出來，不小看小事情，先做好它。

親身經歷，生命才是你的，經歷就是你的財富。

一個人是否真有定力、有力量，取決於你遇到難關時怎樣渡過。細看你一生的閱歷，沒有經歷過難關的人，你看不到他真正的面目，他也看不到自己是誰。你要經歷過難關，才能看到自己是不是有用的人，是否能獨立處理問題，是否能處變不驚，你是否你所想像中的那個你。

要給自己挑戰，別太安於安逸的生活。

當你遇上難關而你不懂得面對時，**其實你已加添了垃圾**，**因為你需要別人照顧你**，**替你清理和承擔**。別忘記，我們不是一個人活的，你活壞，別人也不會好過。

持續檢閱自己能令我們增長智慧，**看到困擾和痛苦不過是思緒混亂偏差的結果**。別害怕艱難，我們有條件能令自己清晰、不混亂，雖然這是不容易的，所以我們需要持續地修養。

我們有太多陋習未清理、**未調校**、**未改善**。**是調校的過程激發抗拒和惰性的心魔**，教你質疑、反辯、**想放棄**，**這才是難關**，**不是修養本身的方法有多難**。

生命從來不容易，這是客觀事實。沒有生命是很容易過的，試找地球上哪種生物、哪一條生命是極度容易渡過的，能暢順爽利過一生，不愁危險或溫飽問題呢？多涉獵生物科學的知識，能讓我們打開視野，具體地看到不同生命的諸多現實和真相。看到生命的奧義，和自己的渺小與強大，有助我們回應生命的價值問題。願意修養生命，反映了我們如何願意看待生命的價值，和自己的價值。

別怕做人難，**難不是躲到混亂去的藉口**。別再問愚笨和誤導思想的問題，才不致容易被人影響或慫恿去消費物資和生命，才不用再問：「到底我還要消費多少金錢和青春，才能得到我想得到的東西，才能得到安全感呢？」

在面對別人時，**別迷信任何人**，別只看他們的表面、聽他們的話、看他們所寫的。這些都可能是假的，都不全面。你要看他是如何活的，如何做最基本的事情如吃飯、如對待身邊最親的人和地位最低的人，看他們怎樣對待服務自己的傭人，看他是否浪費，是否亂買東西亂花錢，是否很重視面子，渴求被人崇拜，看他在利益當前是否會變面。

可以的話，**奉獻自己**。我們應該讓自己健康一點，死後還有健全的器官可以捐贈別人。別讓自己病弱，死後污染土地。能這樣活的人，不會害怕甚麼，也沒多添垃圾。

讓最簡單的事物逗你開心，追求感動生命的傻事，不靠消費，不用花錢，返回純粹的心去靠近人，靠近愛，你的心自會變軟，提升溫度和人情味。

感謝父母把你帶來這一生。

感謝包容你一切罪業和幼稚、對你不離不棄的愛人，是他通過慈悲的愛教你成長，做個像樣的人。你要回報他，不離不棄地，從學習愛的過程中進化人生。

感謝供養你活到今天的一切，讓你還安好地活著，還有機會修養自己，活得更好。

沒有任何一個人是單獨活的，生命與生命之間有緊密的關連。地球是圓的，地球另一邊有難，也是我們這邊的難。

問自己還害怕甚麼，面對自己的恐懼，勇敢地走出來，從此學習謙卑，這是你來此生的功課。

別怕自己一個人，我們同在一起。

○ ○ ○

答應自己

可以現在就答應自己做好以下的事情嗎：

1. 不再剩下食物或暴飲暴食，珍惜每一滴水，別隨便大開水龍頭，用夠馬上關掉。
2. 尊重和珍惜生命和地球資源，尊重大自然原在的地方。別吃野味，殘殺動植物，破壞大自然。
3. 把衣履減少三分一，可以送人或轉賣。
4. 為弱者、有需要的人、身邊的人付出、奉獻。別只懂捐錢，用行動做一點事情，譬如對他們抱一下、笑一個，付出勞力和陪伴的時間。
5. 主動報上名字，做個肯定自己、堂堂正正、光明正大的人。
6. 拒絕說謊、自欺欺人、自傷傷人。

7. 停止製造垃圾，包括情感、關係、消費、説話、思想、飲食等。
8. 遠離發放負面振頻的人和事。
9. 靠近正面的、陽光的能量。
10. 誠實、勇敢地清理自己已播放但變壞的種子：認錯、道歉、善後、負責任。
11. 把內在垃圾轉化成愛的力量，並相信自己有能力做得到。
12. 對自己不離不棄，不以任何藉口停止自愛。
13. 珍惜無私地包容你、教你成長、做個像樣的人的愛侶，對他不離不棄。
14. 孝順及照顧父母，不等不拖。
15. 感謝供養你活到今天的一切，包括你自己，謙虛活下去。

好好愛生命，愛自己。

○ ○ ○

生命短暫，我們連愛好它也來不及便可能已過完一生，
應好好珍惜，別糟蹋它。

人生最大的成就不是甚麼，
而是少為別人添麻煩，少為地球添垃圾。

好好愛，修養愛，

在愛中謙虛學習、成長和修行，

靜放愛的振頻，燃亮生命，感恩走過。

感謝以生命化做紙張成全這書的大樹，

願我們認真地活好來回報你的愛。

爱在136.1
Love in 136.1

作者 素黑

責任編輯 寒靜街

美術設計 江田雀@peter-bird.com

封面攝影 鍾有添

封底內頁攝影 胡玲玲(前) 鍾有添(後)

出版者
知出版社
香港英皇道499號北角工業大廈18樓
營銷部電話：(852) 2138 7961
網址：http://www.formspub.com

發行者
香港聯合書刊物流有限公司
香港新界大埔汀麗路36號
中華商務印刷大廈3字樓
電話：(852) 2150 2100
傳真：(852) 2407 3062
電郵：info@suplogistics.com.hk

承印者
中華商務彩色印刷有限公司
香港新界大埔汀麗路36號

出版日期
二零一三年七月第一次印刷
二零一三年七月第二次印刷
二零一四年四月第三次印刷

ISBN 978-988-8237-27-2
Published in Hong Kong

上架建議：
(1)兩性情感 (2)心理勵志 (3)流行讀物

知出版社
COGNIZANCE PUBLISHING